BRAIN UPDATE

# ブレイン・アップデート

## 精神《メンタル》再生の最強ワーク

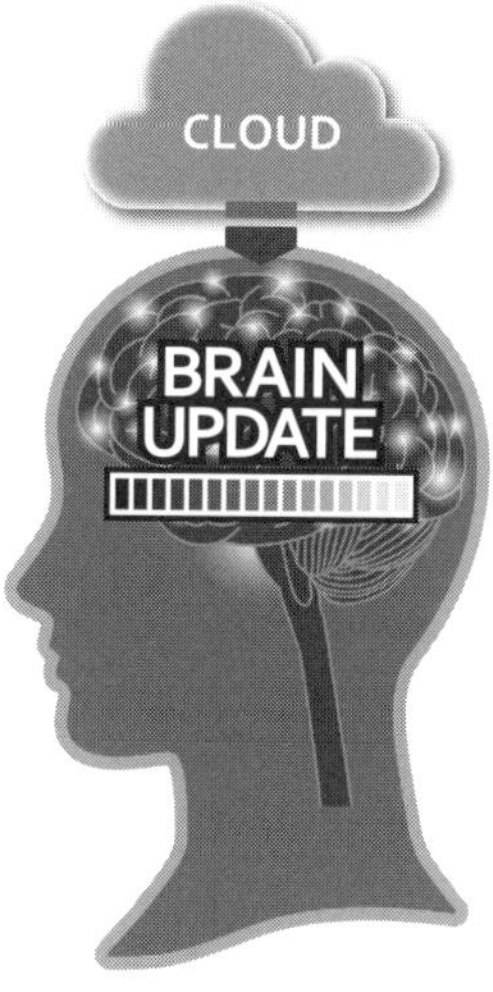


国際ブレイン・アップデート協会
会長 田中真治

知道出版

## まえがき
# 『ブレイン・アップデート』が提唱するもの

かつて日本は、「世界第2位の経済大国」「一億総中流社会」と言われていました。しかし失われた30年を経て航海を続ける「豪華客船タイタニック・ジャパン号」は、過去の栄光に酔いしれてパーティーをしている一部の富裕層と、すでに溺れかけている貧困層に真っ二つに分かれて、船体もろとも海の底に沈みかけていると言っても過言ではないのです。

本書は、急速に発展する科学テクノロジーが時代の価値観を変貌させつつあるグローバル社会の中で、もはや取り残され、沈みつつある号の乗船者たち、一人ひとりに対して本来日本人がもつDNAを活性化させる為の「ブレイン・アップデート」と呼ばれるメソッドをご紹介するものです。

とくにその現実に直面している経営者や教育者たちに、新たな時代を生き抜く智恵を、そして助けを求めている多くの日本人の起死回生を図る為に執筆しました。

その為にまず必要なことは、過去にあらゆる困難を乗り越えてきた本来の日本人の底力を取り戻すことです。それは単なる**自己啓発を超えた能力開発**であり、人間の脳と心と体（生体コンピューター）をアップデートすることだとも言えます。

## 自己啓発と「ブレインアップデート」

現在、巷にはさまざまな自己啓発メソッドがあふれています。そして、それは確かに一部の人には人生で成功をもたらすものだと言えるでしょう。

しかし、自己啓発は、基本的に既存のシステム（私達の思考や感情のパターン）に新しい情報やスキルを追加するプロセスです。これは、コンピューターに新しいアプリケーションをインストールするようなものですが、基本的なオペレーティング・システム（ＯＳ）は変わらないままなのです。

ですから自己啓発は、個人の既存の枠組み内での改善やスキルの拡張に重点を置くものだということが言えます。

今日、そのような自己啓発は、自己肯定感や自己実現などを高め、競争社会で勝ち残るという西洋的な論理科学的な手法を導入したものばかりです。

これらはわれわれ東洋人、とくに日本人にはそもそも適合しないものです。むしろ能力開発による、本来の日本人がもつ能力を再起動させることが必要です。それは、西洋化してしまったシステムのアップデートが必要だということです。

**「ブレイン・アップデート」が提唱する「能力開発」**は、私たちの生体コンピューターの内部システム自体、つまり私たちの思考や感情、身体の反応パターン（ソフトウェア）と神経学的な身体の運動や姿勢・筋肉バランス・内臓の状態（ハードウェア）の基本設定を改良・更新するプロセスです。

この唯一無二の手法によって、**生体コンピューターのOS自体をアップデートし**、新しい機能や本来持っていた東洋的な情報処理の仕方を復活させることで、新時代に合わせた新しい機能や能力を発揮できるようにします。

この**「ブレイン・アップデート」の土台にあるのが「キネシオロジー」**と呼ばれるテクノロジーなのです。

## キネシオロジーとは

キネシオロジー"kinesiology"とは、「運動」を表すギリシャ語の**キネシス**"kinesis"と

「学問」と言う意味のロゴス"logos"から合成された言葉です。

もともとは「運動学」は身体能力の可能性を調べる学問として知られていました。人間の運動に関しての身体能力の研究から始まり、徐々に知覚や神経のしくみを通して人間の脳との結びつきに発展していったものです。

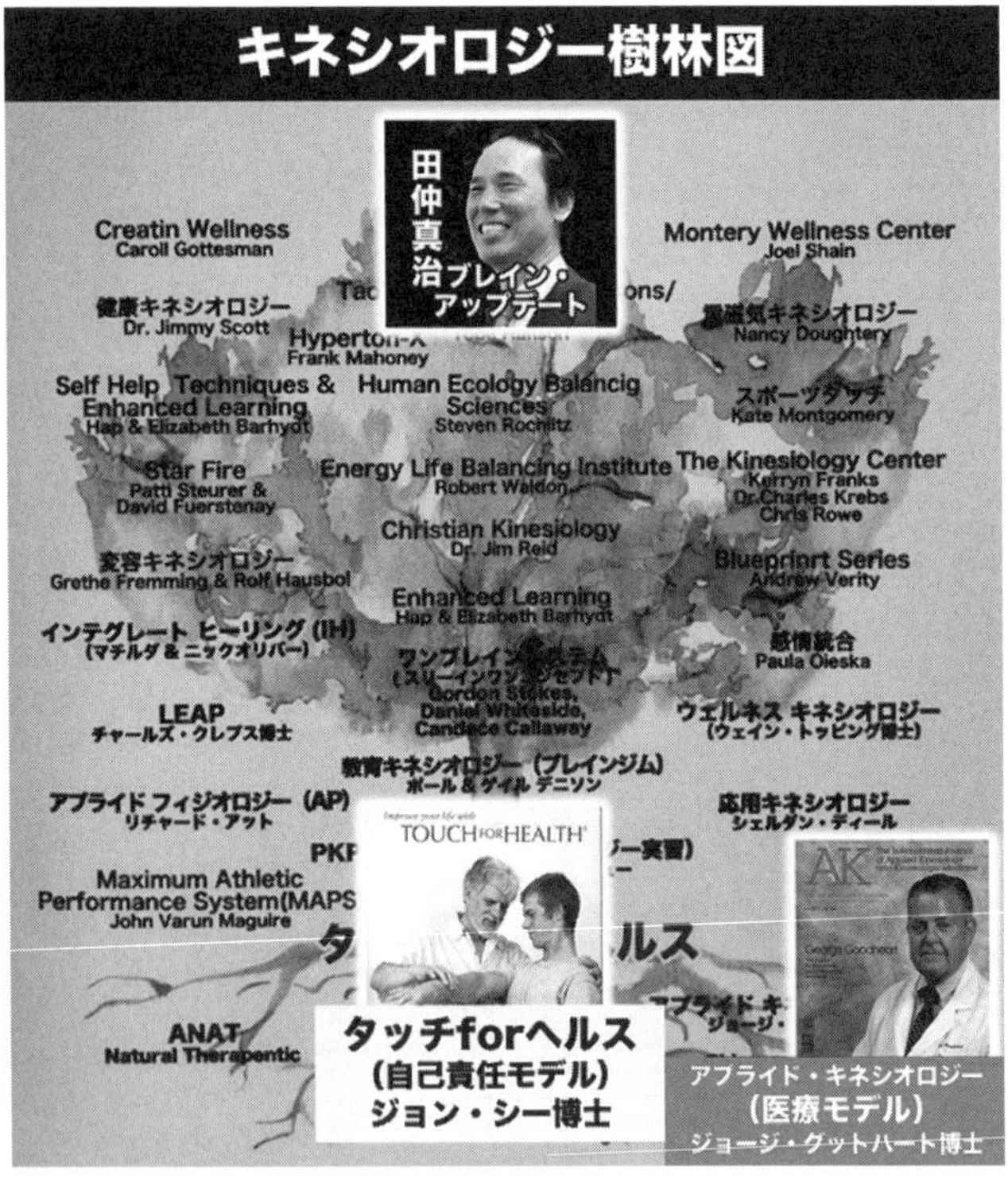

## 西洋化以前の東洋医学

江戸時代、日本では、世界でもとてもユニークで先進的な教育・医療が施されていたと言えます。それは中国大陸から渡ってきた中医学の体系を基礎にして蘭学を取り入れ、日本独自の精神性と健康観があったからと言われます。

しかし、明治維新のときに、近代化を急ぐあまりに、それまで高度に発達してきた日本の伝統医療をあっさり捨て去り、数百年遅れた西洋の医療を取り入れることになってしまいました。

西洋医学の基本は解剖学です。たしかに身体の骨格や臓器の名称や働きを細かく分類してまとめることには長けていました。けれども人間としての生体ではなく、死体の解剖である為、エネルギーの循環という概念が完全に抜け落ちています。

それに対し、日本で既に発展していた和漢の伝統医療では生きた体を観察して研究していたので、**生体エネルギーの流れである経絡《けいらく》やツボ**などの概念がしっかり存在していたのです。また、漢方では精神と肉体の関係性も重視されていて、このような東洋医療の知恵が、現在の最新医療の現場でも注目され始めています。

## アプライド・キネシオロジーの誕生

　時代が進むと科学技術の進歩とともに西洋医学は飛躍的に発展しました。

　検査技術も精密機械によって格段に進歩して、病根の的確な判断ができるとともに、医療機器の手術の技術も向上、とくに化学の進歩により数多くの薬が誕生し、中でも抗生物質の発見は、人類を感染症から救いました。

　このような輝かしい西洋医学の流れの中、それでは人類の病気がなくなり、苦しむ人がいなくなったのかというと、そうはなりませんでした。むしろ病気の名称が増え、薬の副作用や中毒など、さまざまな要因で医療機関を必要としている人が増え続けているのが現状です。

　しかし、１９６４年、西洋医学的な「対症療法」的な考え方を改めて、日本の医療従事者たちが捨て去った東洋医学的視点での生体の扱い方を、アメリカのカイロプラクターであるジョージ・グッドハート博士が「**応用キネシオロジー**（ＡＫ）」としてまとめ上げていました。

　このシステムは、筋力テストを用いて身体機能を評価し、筋肉、骨格、栄養、内臓、メンタルなどの健康状態を診断するものです。

西洋では、身体の各部の相関関係（反射区）を調べることで、ベネット博士は「ベネット反射」、チャップマン博士は「チャップマン反射」というように発見者の名前を付けていました。

しかし、**東洋医学では、陰陽五行に基づく「五行の色体表」という形で「心身の相関関係」が古代からすでに明らかにされていました。**これによって「**東洋の古代の叡智**」と、「**西洋の最先端の科学**」**が統合されることになったのです。**

このＡＫは、カイロプラクティックドクターが患者を治療する技術の一つとして作られたもので、医療の専門教育を受けた人のみにしか公開されていませんでした。

## タッチフォーヘルスの誕生

そのＡＫを、１９７３年にジョン・Ｆ・シー博士がジョージ・グッドハート博士の許可を得て、一般の人にも使えるわかりやすい健康法にしました。これを「**タッチフォーヘルス・キネシオロジー**（**ＴＦＨ**）」と名付けています。

「**陰陽五行理論**」**に基づく**「**気＝エネルギー**」**のバランス調整**として体系づけられたＴＦＨは、その効果と魅力によって瞬く間に世界１１２ヵ国以上に広がっていきました。

## 「医療モデル」から「教育モデル＝自己責任モデル」へパラダイム・シフト

あなたは体調がすぐれなくなるとどうされますか。

市販薬を飲むか、それでも体調が戻らなければ医療機関を受診すると思います。そして、専門の医療専門家に症状を訴え、専門家の指示に従うことになります。

このように、既存の「医療モデル」においては、医療専門家が患者の問診や検査を行い、治療方針や方法を決定します。

「**アプライド・キネシオロジー**」は、この検査を精密機械に頼る代わりに「**筋肉反射テスト**」という「バイオ・フィードバック」を採用しているという違いはありますが、「ドクターが患者を診断し治療する」という「医療モデル」であることは同じです。

これに対して、「一般向けの誰でも使える健康法」としてリニューアルされた**ＴＦＨ**は、ドクターではない為病名を取り扱いませんし、診断も治療もしません。だからと言って、医師から病名をつけられた人にＴＦＨが使えないわけではありません。その人が抱えている感情ストレスに焦点を当て、それを引き起こしている思考・感情・身体の反応パターンに働きかけます。したがって、ＴＦＨは「患者」という言葉を使いません。「クライアント」という言葉を採用しています。

問題解決の鍵はクライアント自身にあるとされ、クライアントは、「自分の問題＝悪いところ」から「自分の課題＝成長の為の伸びしろ」として視点を変え、積極的に取り組むように勇気づけます。

また、カウンセリングを通して、課題を明確にし、「問題（症状）をなくそうとする」のではなく、「問題を問題としなくなったときに、そこに掛けていた時間とお金とエネルギーを、本当は何をすることに使いたいのか？」という本当に望んでいる未来にゴール設定を行うのです。

そして、そのゴールに向かうことを妨げているブロックを、「クライアント本人が意識レベルでは忘れていたとしても、身体の中には、すべての答えがメモリーされて残っている」という前提に立って行います。

この為、「筋肉反射テスト（バイオフィードバック）」をする際も、テストをする者が権威的になるのではなく、あくまで本人の身体が発する答えを見つけ、本人が気づく為のお手伝いをしているというスタンスで行います。

このパラダイム・シフトは、人生を主体的に変える為の重要なステップなのです。

依存心から脱却し、自己の責任を自ら担うことで、意識の変容が起こります。自分の体は自分自身にしかない為、自己の健康と幸福に対して主体的に関わることが求められるのです。

この自立したスタンスを「**自己責任モデル**」と呼び、クライアント自身が自分の体と健康に対する責任を果たすことを重視しているのです。

## キネシオロジーの多様な発展

タッチフォーヘルスの「自己責任モデル」の考え方を基に、世界中でさまざまなキネシオロジーの応用メソッドが生まれました。教育分野での「ブレイン・ジム」、脳と心と体を統合する「スリーインワン・コンセプツ」など、誕生した異なるキネシオロジーの数は200以上にも及びます。

とくに、肉体レベルよりも、意識や感情レベルを扱うキネシオロジーのことを総称して「エネルギー・キネシオロジー」と呼ぶようになったのです。

## 「ブレイン・アップデート」の誕生

私は、日本におけるエネルギー・キネシオロジーの草分けの一人として、33年の長きに渡ってこの分野の探求と普及に努め、その過程の中で数多くのテクニックを身につけてきました。

そして日本、および世界の国々の何千人という多くの方々に、その時点での最新の技術を指導してきました。しかし、テクニックを駆使すればするほどマニアックになり、やがてそのテクニックに依存することになることに気づきはじめたのです。

私は、その限界を感じて、45歳の時にキネシオロジーの技術を封印し、すべてを捨てて今までの自分なら絶対に選ばないことにチャレンジすることにしました。一つにはこの社会における人間の精神と肉体の対応力を観察してみたくなったのです。

そして、自らをホームレスの状態に置き、日中は鳶職、夜は居酒屋でバイトし、わずか1日3時間の睡眠で1年間の人間修行の旅に出ました。

それは、余分な技術を削ぎ落とし、「**本質的な生き方＝志**」に焦点を当てることでした。

「東洋の古代の叡智」と「西洋の最先端の脳科学や心理学」、そして「自身の人生経験」

を通じて培った知見を統合し、「ブレイン・アップデート」という独自のメソッドにまとめ上げることができたのです。

私がこれまで3万人以上の人生に奇跡的な変容をもたらした実績は、YouTubeに500以上の動画として世界中に公開されています。

私は、現代の日本人が「**本質的な生き方＝志**」を取り戻すことで、植えつけられ、心の奥底にわだかまっていた不名誉な問題に終止符が打てると確信しました。そして、日本人が目覚めることが世界人類を覚醒に導く為の鍵だとも信じています。

「ブレイン・アップデート」がその一助になることを願って、このメソッドを皆さんにお届けします。私の経験と学びが、みなさんの人生に新たな光をもたらし、自己実現への旅が喜びを持って進むことができるはずです。そしてこれから確実に起こる世界的な大きな時代変革の波を乗り越え、新たな人類として豊かな人生を送ることを願っています。

国際ブレイン・アップデート協会　会長　田中真治

**【本書を読むにあたってご了承いただきたいこと】**

本書の内容の一部は、みなさんが認識している歴史観による抵抗を受けるものかもしれません。しかしここには、深い内省と、個々人および社会全体の歴史認識の変革に向けた呼びかけが含まれています。読み進める前に、いくつか重要な点をご理解いただきたいと思います。

本書の中で戦争や政治的な記述に触れる部分があります。こうしたテーマは極めて複雑で、多様な視点や解釈が存在します。戦争は、国家間の深刻な価値観の衝突を背景に発生し、その根源を探れば、個人の内面の葛藤や社会的な分断にまで遡ることができます。

本書の目的は、単に歴史的事実を再検討することではありません。むしろ、私たち自身の内面における善悪二元論に基づく偏見や先入観を見つめ直し、よりバランスの取れた、包括的な視点を育むことにあります。この過程は、とくに日本人が戦後教育によって形成された自虐史観に対して、そのバイアスを取り除き、新たな視点とのバランスをもたらすことを目指しています。

本書で取り上げる大東亜戦争のプラスの側面については、さまざまな意見や感情があることを承知しています。一部の読者にとっては、この視点が新鮮であるかもしれませんし、また別の読者にとっては異論や疑問を呼ぶかもしれません。しかし、ここでの目的は、単に「正しいか間違っているか」を議論することではなく、一つの視点から多角的な視点へと視野を広げ、より深い理解と寛容へと進むことです。

実は、私たち日本人が戦後に受けた教育や文化によって、思考、行動、生活の形態が潜在意識の中に染み込んで、本来持っていた日本人ならではの精神性、身体能力が大きく損なわれてしまっているとしたらどうでしょうか。

どうか本書を読む際には、あなたが幼少時から学び、知らされてきた情報による既成概念や固定観念を一時的に脇に置き、開かれた心で各章をご覧ください。反対意見や異なる視点は、対話と理解の契機となり得ますが、まず、自身の心の奥底に問いを投げかけてみてください。

私たちの目的は、現在の自身を見つめ直し、さらに「ブレイン・アップデート」の技術により、本来の日本人の精神性、能力を取り戻すこと、それにより、より良い未来を創造し、成長することなのです。

【ブレイン・アップデート　―精神《メンタル》再生の最強ワーク―】目次

目次

# 序章

# 日本人として日本の歴史を考える

BRAIN UPDATE

## 日本史再考

日本は、国が定めた「古事記」をもとに、初代・神武天皇が紀元前660年に即位してから紀元2600年という壮大な歴史を持つ世界最古の国家の一つと言われています。

「本当かな？」と疑う人は、日本で稲作が始まったのは、弥生時代の初め（紀元前4〜5世紀）と学校で教えられたのではないでしょうか。しかし、今では縄文時代にすでに稲作が始まっていたという定説が、新たな発掘が証拠となり有力になっています。

例えば、佐賀県唐津市の**菜畑遺跡《なばたけ》は**一**時期、日本最古の稲作の遺跡**とされ、1983（昭和58）年には国の史跡に指定されました。菜畑遺跡は、JR唐津駅から西に2キロほどのところに位置していますが、1980（昭和55）年12月から1981（昭和56）年8月にかけて行われた発掘調査の結果、水田の跡が見つかり、**約2600年前の縄文時代晩期後半に谷底平野の斜面下部や低地の縁辺でイネの栽培が始まっていると考えるに足る発見と**されました。つまり、紀元前から天皇を中心とした国家が存在していたのです。

この長い歴史は、第2位デンマーク（1086年）、第3位イギリス（956年）といった他の長い歴史を持つ国々と比較しても、その深さと持続性で際立っています。

この壮大な歴史は、企業の世界にも反映されています。世界で最も古い会社として知られる大阪の金剛組は、聖徳太子の命を受け四天王寺を建立するために578年に創業しました。また、池坊華道会は、その9年後（587年）に完成した六角堂に花を供えるために創業しました。両社とも1400年以上の歴史を誇っています。

世界の100年以上続く企業の中で見ると、日本の企業は驚異の41・3％を占め、200年以上となると65％にまで跳ね上がります。しかし、この長い歴史を持つ日本企業にも、事業継承の危機が迫っています。信頼できる後継者を見つけ、大切に育てた事業や伝統技術を次世代に引き継ぐことは容易ではありません。事業継承がうまくいかず、長年にわたる貴重な歴史と共に失われてしまうケースが増えているのが現状です。

その原因はどこにあるのでしょうか？

## 大東亜戦争と極東軍事裁判

日本は、大東亜戦争を通じて、有色人種として初めて白人による武力支配に立ち向かい、アジアの植民地解放の契機を作りました。しかし、戦後の極東軍事裁判で一方的に裁かれ、**自虐史観と「ウォーギルトインフォメーション」**による骨抜き政策の影響を受けました。

## 「ウォー・ギルト・インフォメーション・プログラム（WGIP）」

「ウォー・ギルト・インフォメーション・プログラム」の最大の目的は、日本人に戦争に対する罪悪感を植え付けることでした。

このプログラムによって、武士道といった日本の精神性の根幹を揺るがし、日本人が自らの歴史や文化に対して疑念を持つように仕向けられました。

**教育勅語**は戦争賛美とされ、日本の歴史は軍国主義独裁国家として非難され、押しつけられた新たな憲法の平和の象徴とされる憲法九条は、戦後の平穏の主要因として絶対とされました。

連合国軍最高司令部（GHQ）は、この目的を達成する為にいくつかの指令を出しました。**日本教育制度の管理、教職追放令、神道指令、そして修身、国史、地理の教育停止**などがそれにあたります。これらの施策により、日本の教育から愛国心や武士道精神が取り除かれました。教科書では「志」という言葉を使うことが禁止され、その代わりに「夢」という言葉に置き換えられ今日に至っています。

また、GHQは日本の書籍の流通を厳しく制限し、対米開戦に至った経緯や戦争の実情に関する書籍を積極的に排除しました。これは一般の日本家庭には目立たず、しかし着実に国民の意識から日本の歴史を消し去る試みでした。他国の文化や教育に対する干渉として、国際的にも許されざる行為でありながら、占領国の手によって実に巧妙に行われました。

本書では、これらの歴史的事実を踏まえつつ、**日本人が失った「志」を取り戻す**ことの重要性を強調したいのです。また、現代日本人が心で抱える曖昧な依存性は、本来日本人が持つ魂とそぐわない西洋化された社会構造の中で生きることによって醸成されたものと思われるからです。

私たちの祖先が築き上げた精神性を再び育むことで、私たち日本人は不名誉な世界一の問題に終止符を打ち、先祖から受け継いだ本来の日本人の魂の奪還と、世界における真の平和と調和のための道を切り開くことができると信じています。

War Guilt Information Program (WGIP)
-戦争に対する罪悪感を日本人の心に植え付ける宣伝計画-
3R
1.復讐 (Revenge) アメリカは、極東の小さな島国が、世界の人種差別、植民地政策に敢然と立ち上がった事を脅威と見なし、徹底的に復讐を誓った。
2.改組 (Reform) 日本の従来のあらゆる組織を抜本的に組み替える。国力を削ぎ、歴史や文化を取り上げる為に組織改革を行った。
3.復活 (Revive) 日本人を骨抜きにし、自分達の間接的奴隷化を試みた。不満や叛旗を翻さないように自由を与えたふりをした。
5D
1.武装解除 (Disarmament)
2.軍国主義の排除 (Demilitalization)
3.工業生産力の破壊 (Disindustrialization)
4.中心勢力の解体 (Decentralization)
5.民主化 (Democratization)
3S
1.スクリーン(映画) (Screen)
2.スポーツ (Sports)
3.セックス (Sex)

## 戦後23年で奇跡の復興！　世界GDP第2位の経済大国に

戦後の日本は、WGIPによって、精神的な土台を揺るがされたにも関わらず、焼け野原からの復興を成し遂げ、わずか23年でGDP世界第2位の経済大国へと成長しました。この「奇跡の復興」は、占領下の厳しい状況を克服し、国民が一丸となって取り組んだ結果でした。

もちろん、アメリカや西欧諸国にならい、技術革新を何度も繰り返し、大量生産、大量消費の資本主義に邁進した結果でもあります。戦前教育を受けていた日本人の繊細な手工業的技術革新と、勤勉な労働力が他を圧倒したのです。

一方、アメリカは1970年代後半の深刻な不況、1975年にベトナム戦争に敗退、1980年に入るとさらに深刻化し、産業競争力の低下による経済低迷に対する問題意識が高まりました。1979年『ジャパン・アズ・ナンバーワン』（社会学者エズラ・ヴォーゲル著）が出版され、戦後の日本経済成長の要因を分析して、日本的経営を高く評価し、70万部のベストセラーになりました。

1985年、レーガン大統領により、「ヤング・レポート」提言報告書を発表。米国の産業力低下は製造業の競争力低下とし、改善に向けて「新しい技術の創造と実用化、そして保護」「通商政策の重視」が必要と提言しました。これにより、変動為替制による円高が進み、日本の輸出産業が大打撃を受けました。これを「**プラザ合意**」と言います。

「プラザ合意」のプラザとは、会議が行われたニューヨークのプラザホテルの名前に関連しています。合意内容はすでに各国で共有されており、会議そのものは20分程度で終了したと言われています。

つまり、米国は、「**自国が勝てないならば、勝てるようにルールを変えてしまえ**」という作戦に出たわけです。

## 「教育勅語」や「修身」が「現代の第二の聖書」としてベストセラーに

この経済的な対立の背後で、世界は日本の「底力」の源泉に注目しました。

個人主義が支配する西洋とは異なり、日本の団結力と経済的成功の背後には、日本人の精神性があると秀でた学者諸氏によって見抜かれました。この精神性は、日本独自の道徳教育、すなわち「**教育勅語**」と「**修身**」に根ざしているという結論に至りました。

その為、これら日本の価値観は、アメリカで「The Book of Virtues」として翻訳され、ビジネス界ではベストセラーになりました。さらにイギリスやドイツなど西欧社会にも広く受け入れられました。この本は、荒廃した教育を再建する一助となり、「**現代の第二の聖書**」とまで称されるほどの影響力を持つに至ったのです。

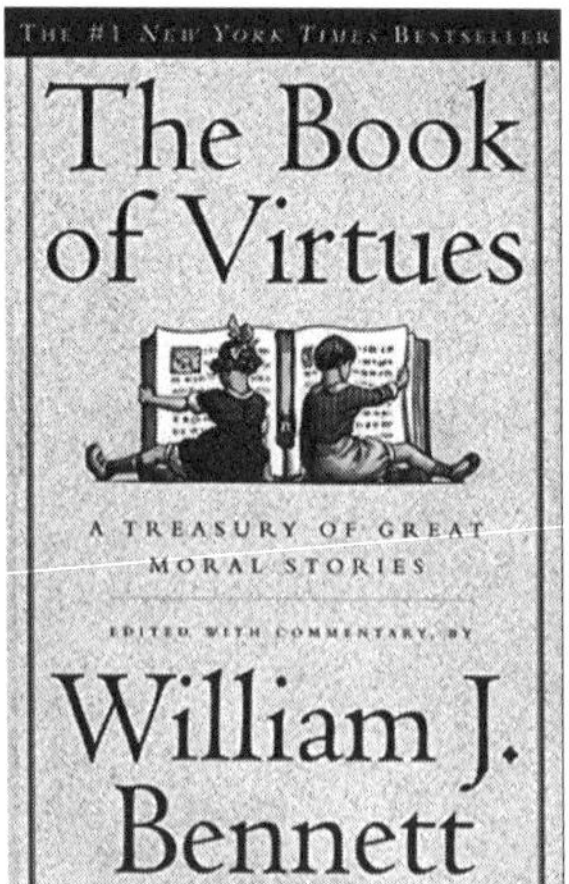


このように、日本の道徳教育の理念が国際的に認知され、尊重される一方で、日本国内では、GHQによるWGIPが展開され、日本人が自国の歴史と文化に誇りを持つことを巧妙に阻んでいました。これは、国際社会が日本の価値観を高く評価していると同時に、占領政策がその価値観を国内から抑圧しようとした皮肉な歴史の一幕です。

この事実を、日本の学校教育に携わる人は、どの位把握しているのでしょうか？

## 日本の企業を骨抜きに

この時期、日本企業は徐々に市場原理主義や経済中心の経営に転換されていきました。

１９９０年代初頭には、米国流のビジネス手法やグローバルスタンダードが導入され、資本効率を重視する経営スタイルへと移行しました。この変革は、「**今だけ、金だけ、自分だけ**」という短期的な利益追求に重点を置くものでした。従来の経営哲学が二元的な勝ち組と負け組を生み出す方向へと変わり、上下関係に基づくリーダーシップが主流となりました。

このような経営手法の変化は、企業文化に深刻な影響を与えました。長期的な人材育成と次世代リーダーの発掘が難しくなり、結果としてブラック企業化の傾向が強まりました。

欧米の成果主義を取り入れた多くの日本企業は、継続的な成長を遂げることができず、疲弊の一途を辿ることになりました。

この背景には、ＷＧＩＰによる日本人の意識変容や、日本独自の価値観からの乖離も影響しています。日本の伝統的な精神性や道徳教育が国際的には認められながらも、国内ではその価値が過小評価されてきた歴史が、現在の企業文化にも反映されているのです。

## プラザ合意が日本経済に与えた深刻な影響

1985年に締結された「プラザ合意」は、過大評価されていたアメリカドルの価値を下げることを目的としていました。この合意により、ドルの価値は主要通貨に対して大幅に下落しましたが、とくに円に対してのドル価値の減少が顕著でした。

「プラザ合意」後、日本経済は急速な円高の進行に直面しました。これは日本の輸出産業に大きな打撃を与え、経済成長の減速を招きました。日本政府と日本銀行は、国内経済を刺激するために金融緩和策を採用しましたが、この低金利政策が不動産や株の価格を押し上げ、結果としてバブル経済を形成したのです。

1990年代初頭には、このバブル経済が崩壊しました。土地や株の価格が急落し、金融危機に繋がったのです。銀行や証券会社が多額の不良債権を抱え、日本経済は長期的な停滞の時期に突入しました。この時期は「失われた10年」と呼ばれ、物価の下落と消費の低迷が続きました。

2000年代以降も、日本経済は完全な回復に至らず、経済の低迷は持続しました。この時期は「失われた30年」と称され、人口減少と高齢化の問題が労働力不足と社会保障負担の増大を引き起こしました。さらに、グローバル化の影響、とくに中国の台頭などによる国際競争の激化も日本経済に影響を与えました。

このように、プラザ合意は日本経済に対して複数の重大な影響をもたらし、長期的な経済停滞の原因となりました。バブルの形成と崩壊、その後の経済停滞は、日本経済の構造的問題と国際経済の変化に対する対応の遅れがもたらした結果です。

## 日本人精神（志）を忘れた日本人の衰退の現状

私たち日本人は、急速な近代化の中で、ものの考え方、生活様式などがどんどん欧米化していきました。それは、決して悪いことばかりではありませんが、異なった民族の思考形態をそのまま受け入れることによって、本来の日本精神（志）を見失ってしまったことが、日本人の潜在意識に影響を及ぼしているということが問題なのです。

このことは、日本の未来を担う子供たちに深刻な影響をもたらしています。

**一般社団法人「志教育プロジェクト」の副理事長である佐々**

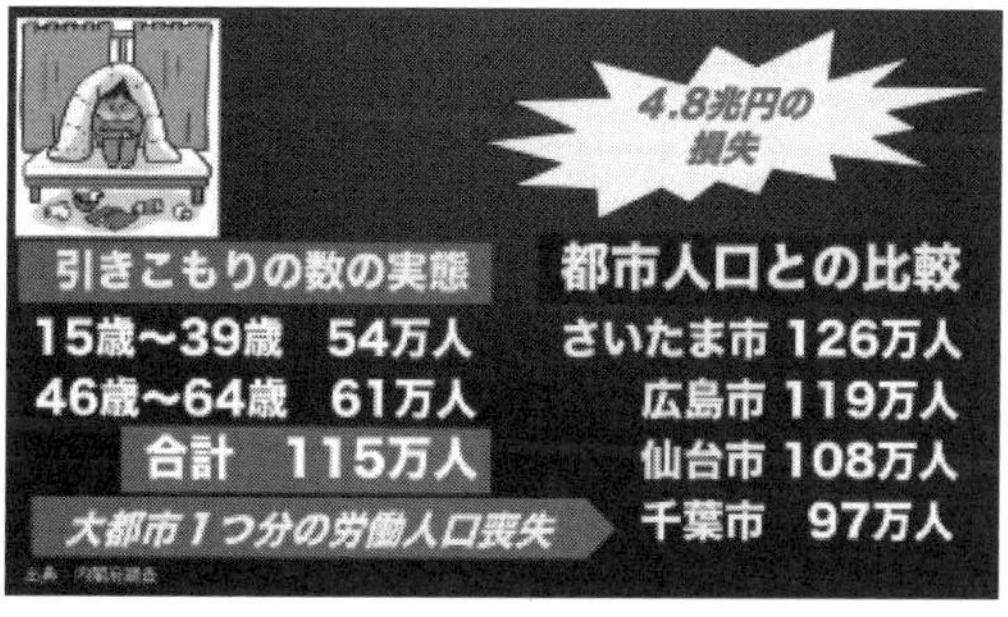

引きこもりの数の実態

| 15歳〜39歳 | 54万人 |
| 46歳〜64歳 | 61万人 |
| 合計 | 115万人 |

大都市1つ分の労働人口喪失

4.8兆円の損失

都市人口との比較

| さいたま市 | 126万人 |
| 広島市 | 119万人 |
| 仙台市 | 108万人 |
| 千葉市 | 97万人 |

木喜一氏の講演から以下、引用させていただきます。

＊　＊

―いじめの認知件数が２０２２年に過去最大で68万件に達し、９年で４倍増えたことを示しています。

また、不登校の子供たちは29万９０００人に上り、２０１３年の11万９０００人からほぼ３倍になりました。

自殺者の数も過去最多で５１４人となり、８年間で２倍に増加しています。世界では、事故死が１位であるのに対して、日本では自殺が１位というのは珍しい状況です。

自分自身に満足している割合を見ても、日本では45％の人が自分に満足しており、これは韓国の73％、イギリスの80％、アメリカの87％、中国の90％以上と比較して低いです。日本は自尊心が低い国だと言えます。

引きこもりの問題も深刻で、高校中退や不登校になった人々が引きこもりとなっています。56年前の国勢調査では、40歳以

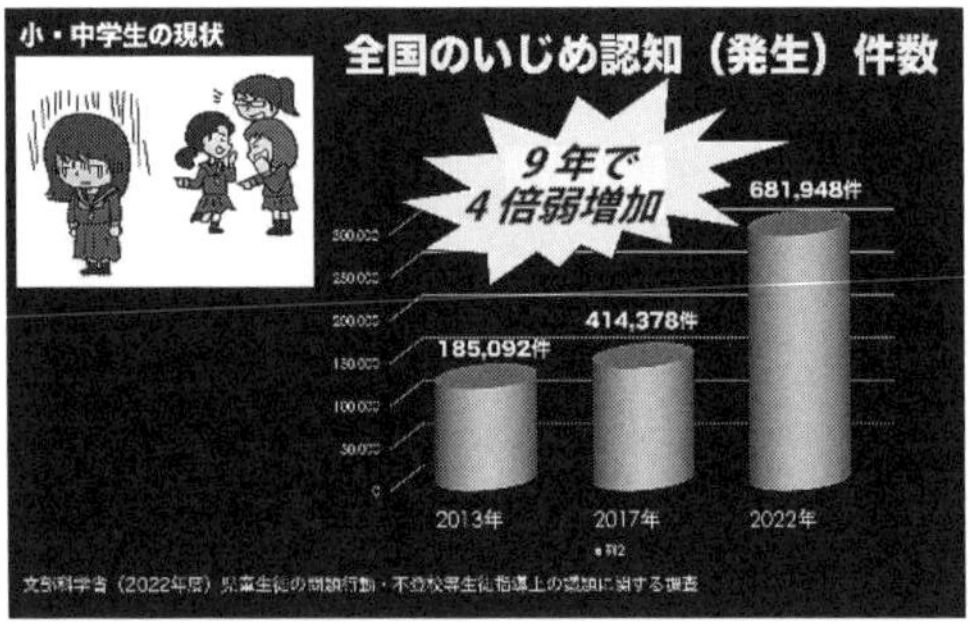

上で引きこもっている人が60万人いました。現在では引きこもりの数は115万人に達しています。

私は、引きこもりの若者を集めて「若者自立塾」という合宿を3年間沖縄でしていました。その中で参加者のほぼ3分の1は、親の虐待が原因でした。一番信頼できるはずの親から暴行を受けるわけですから、他の人を信用できなくなるのは当然だとも言えますね。

そして、3分の1はいじめです。男の子に多くて、大体中学1年生です。いろいろな小学校から集まってきた中で、小学校で少し調子に乗っていい気になっていたのが、中学校に入ったら、自分より強いのにやられて牙を折られたところから、人目を避けるようになり、不登校から引きこもりになっています。

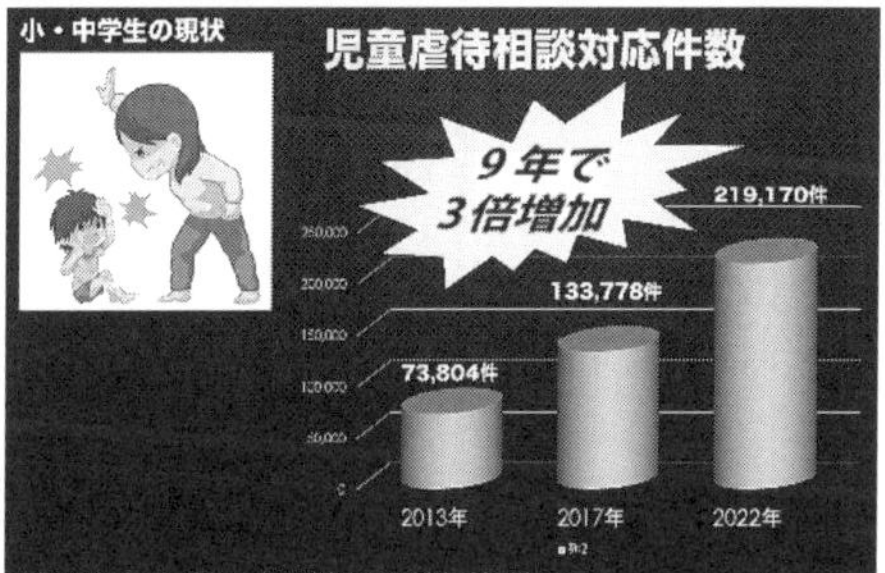


そして残りの3分の1は、発達障害です。私が合宿をやった時には、昼間に5〜6時間

さまざまな授業やワークをやるのですが、出てくるのは15人いたら10人位です。5人の子は昼間の授業に出てこれなかった。その理由は二つあります。一つは昼夜逆転しているので、昼間は起きれない。もう一つは、薬漬けになっているんです。精神安定剤をたくさん医者が薦めるものだから、1番多い子は14種類位飲んでいました。だから出てこれない。このように「引きこもり」と一言で言っても、幼児期から小学校、中学校など、いろいろな場面、段階で関係しているわけです。

**この人数は、大都市一つ分の115万人もの生産（労働）人口を喪失していることに繋がります。**

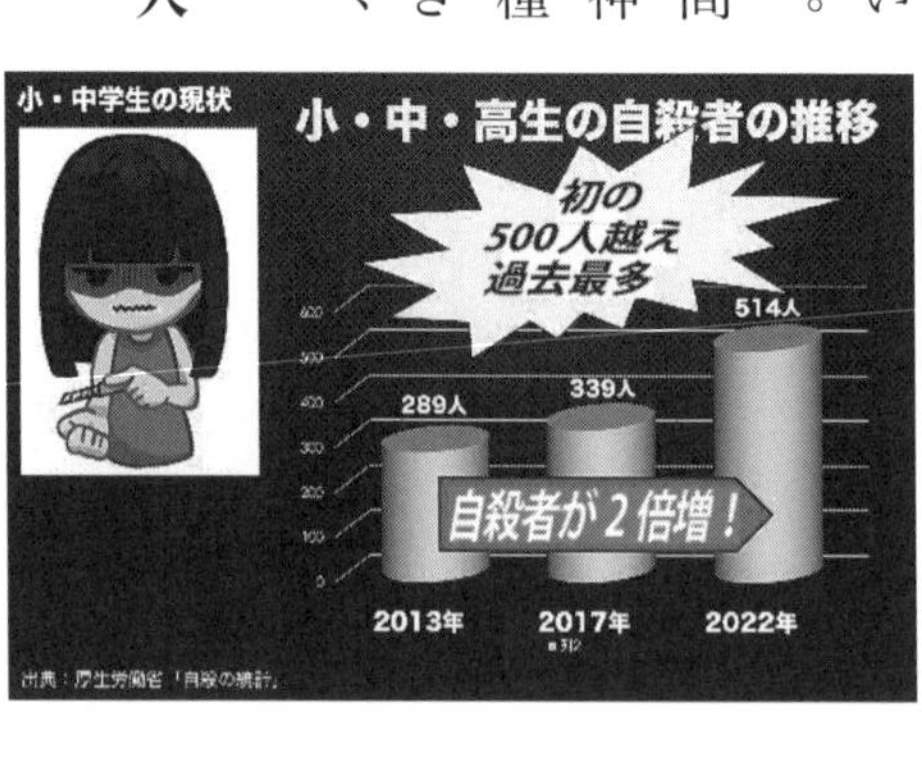


## 日本の実態、「真面目・実直・勤勉」は死語に

社会の問題として、仕事に対する熱意も低下しています。ギャロップ社の調査では、熱意を持って働いていると答えた人はわずか5％に過ぎません。日本のGDPはドイツに抜かれ、世界第4位に後退しました。

過去には日本は、「真面目、実直、勤勉」と言われてきました。「真面目さ」という面では、今も日本人は真面目かもしれない。「実直」にしても、今の若い人にも誠実な人は多いと思います。しかし、一番価値観がなくなってきているのが「勤勉」ということです。勤勉はもはや死語になっています。なんでこんな日本人になってしまったのでしょうか？

## 人づくりに投資してこなかった日本企業

日本の上場会社とアメリカの上場会社を比べてみたら、アメリカでは1年間で40兆円を出しています。これに対して、日本の上場会社は、日本は５０００億円です。80倍の違いがあります。アメリカでは、日本のように働く人が守られていないから業績が悪かったら「はい、クビ！」だけども、結果を出すためにさまざまな研修とかも実際にはやっています。ところが日本はやっていない。

もっと大事なのは、個人として一人ひとりがどれだけ自分自身の為に勉強しているのかです。社外学習、自己啓発を行っていない人の割合。日本は46％、オーストラリア21％、シンガポール18％、韓国12％、中国４％、ベトナム２％です。熱心なんです。勤勉なんです。だからこそ国力がどんどん高まっているんですね。――」《引用終わり》

＊　＊

いかがでしょうか？

私が、これまでいろいろな中小企業の経営者とお話ししていて、皆さんが問題とされていることには、かなりの共通点があります。それは、多くのビジネスパーソンは、すぐに**「うちの会社は特殊ですよ！」**という言葉を用いることです。

しかし、異なる企業の質問をたくさん並べてみると、そんなことはありません。

**結局、時代の流れ、時勢に合わせて、人と組織の「共通の課題」が生じていることがほとんどです。**結局のところ、人のすること、組織のすることです。細かいバリエーションはあるかもしれませんが、本質は同じなのだと言えます。

これらの問題に関する対応策としては、

①「骨抜きにされた日本人精神（志）」を再起動させること
②日本人が２０００年以上の歳月を通して磨いてきた潜在能力の覚醒をさせること
③そのような人財教育ができる指導者を企業内に養成していくこと

このプロセスにおいて、エピジェネティクスという科学が重要な役割を果たします。

エピジェネティクスは、遺伝子の活性化や非活性化を調整することで、生物の表現型に影響を与える研究分野です。

環境や経験が遺伝子の「スイッチ」をON／OFFすることが可能で、この原理を活用することで、日本人が２０００年以上にわたり培ってきた強い遺伝子を再活性化させることができます。

**「ブレイン・アップデート」を通じて脳のOSを再起動し、遺伝子のスイッチをONにする**ことで、企業内の新たな成長と変革を促進できるのです。

戦後79年という短い期間で忘れ去られたように見える日本人の精神も、実は長い歴史の中で蓄積された遺伝子の力を呼び覚ますことで、再び輝きを取り戻すことが可能なのです。

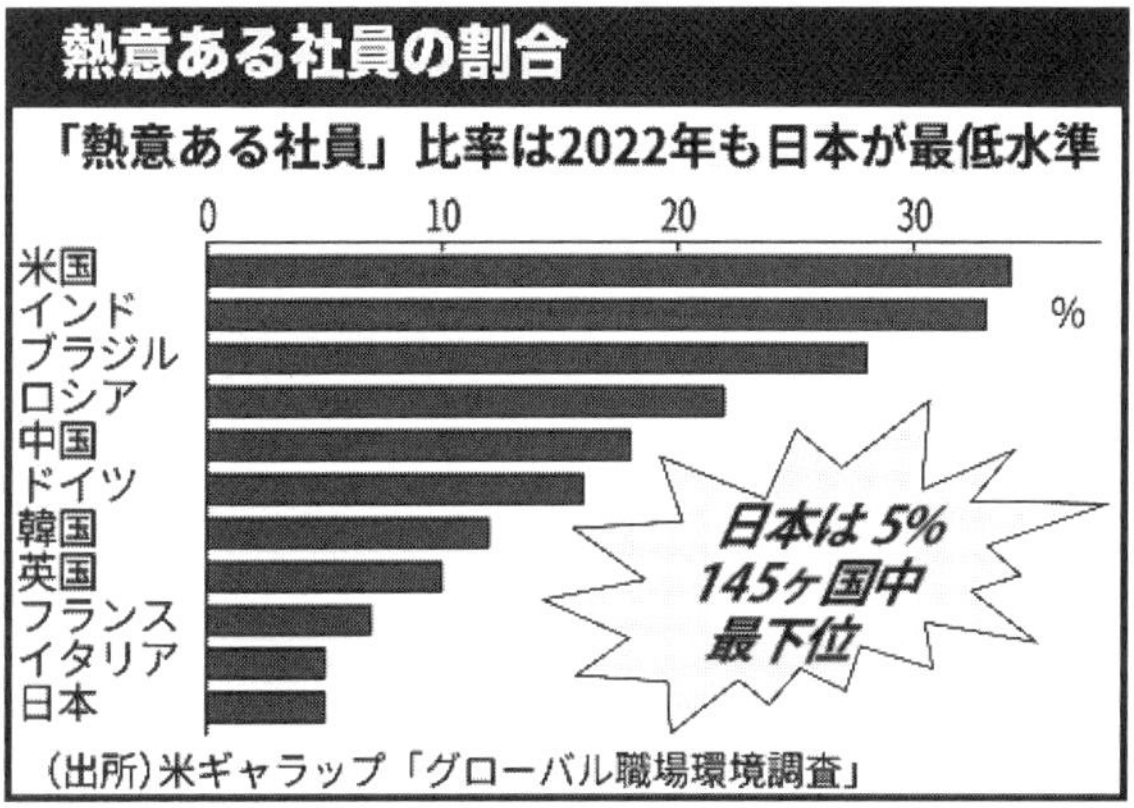

第1章

# 日本人精神「志」が現代日本を救う

BRAIN UPDATE

## 「志」とは何か

さて、現在の国難を乗り越えるためには、２０００年以上の歴史を通じて、あらゆる苦難を乗り越えてきた「日本人精神＝武士道精神」の大元にある「志」への回帰が必要であると私は考えています。

決して大げさな話ではありません。日本人として日本に生まれ、この地で教育を受けて母国の歴史観を学び、母国の文化伝統、生活様式を継承しながらよりよく生きていく。それは、どの民族や国家でも当然のことだと思います。それが今、一人ひとりの精神性、とくに自尊心の弱体化が顕著な日本人が内外で指摘されていることが問題なのです。

**「志」は、「士」サムライの「心」であり「陽（＋）」と「陰（－）」を統合した「中庸の心」**を意味します。

武士道精神（志）は、外側の敵と戦う前に内側の敵、すなわち自我と向き合い、それを昇華させることに重点を置いています。『孫子の兵法』にある「戦わずして勝つ」の精神は、武士道精神の核心をあらわしていると言われます。

この武士道精神（志）を現代に適応させるためには、〝キネシオロジーという身体の叡智〟に耳を傾ける手法が有効です。キネシオロジーは、内面のバランスを取り戻し、新たな自己認識を促す手段として機能します。

## 台湾人が伝える日本人精神の素晴らしさ

私が**「日本人精神の本質」**や**「教育勅語の大切さ」**を学んだのは、意外にも台湾人のジョー・リーさんからでした。

日本では忘れ去られつつある日本人精神が、台湾には色濃く残っていると彼は教えてくれました。

ジョーさんの祖父は日本海軍出身で、戦時中に敵艦から砲弾が撃ち込まれた時に、誰かに背中を蹴飛ばされて甲板を転げ落ちたことで命を救われたそうです。

「**お前が生まれてこれたのも、あの時の日本人のおかげなんだよ**」ということをジョー・

リーさんは、いつもお祖父ちゃんから聞かされて育ったそうです。

**国民党による反日教育がされたにも関わらず、なぜ台湾は親日の人が多いのか、**というと、リーさんのような体験をしている年配者の方がいらっしゃるからに他なりません。

台湾はかつて日本の一部でしたから、そこに住む人々も日本人としての教育を受けていました。ジョーさんは、日本が敗戦後に台湾を撤退し、代わりに国民党が台湾に逃れてきた時のことを語っています。台湾の人々は、規律正しかった帝国陸軍や海軍と、規律がなく暴行を働く国民党軍の違いに衝撃を受けたそうです。

その後、台湾では反日教育が行われましたが、家庭では祖父母の世代が日本統治時代の真実を勇気を持って伝えていました。

子供たちは、学校では「怒りっぽい大陸出身の先生」から「日本がどれほど酷い国か」

15ヶ国語を自在に操る
マルチリンガル台湾人
「本当は語学が得意な日本人」著者
ジョー・リー

と言う話を聞かされます。

その一方で、家に帰ると「誰からも愛される温和な祖父母」から「日本の素晴らしさ」を聞かされます。日本に対するまったく正反対のことを聞かされる中で、「どちらの言葉に真実味があるのか」、子供たちは混乱しながらも、自分自身で結論を出した結果、台湾における多くの国民が「親日感情」を持つようになったとのことです。

## 台湾で今も使われている「日本人精神」という言葉

台湾における「**日本人精神**」の捉え方は、「**約束を守る、礼節を重んじる、嘘を言わない、勤倹、清廉潔白**」といった行動様式を意味しています。

この変化には台湾の歴史的背景があります。日本統治時代を経て戦後の台湾では国民党政権のもとで日本語の使用が禁止され、日本的なものが一時的に否定された時期がありました。その後、台湾の中で日本への親近感が再び高まり、日本文化や日本人精神が再評価されるようになりました。この過程で、「日本人精神」は礼儀正しさや誠実さなどのポジティブな側面を強調する方向へと意味が変化していったのです。

## 最近のＹｏｕＴｕｂｅにおける日本賛美の動画が増えた理由

日本国内では、敗戦後の反省の気運の中で、自国への批判的な見方が長らく続いてきました。このように、自国の歴史や文化を否定したことで、日本人は、海外に行っても自国のことを誇れない、根無し草状態に長らくなっていました。

しかし、安倍晋三元首相の「**戦後レジームからの脱却**」を掲げた政策や発言が、日本国民の自己評価を変化させるきっかけの一つとなりました。それに伴い、マスコミや教育現場では、相変わらず反日的なプロパガンダが続いている反動として、インターネット上では日本を称賛する内容の動画が増加してきたのだと考えられます。しかし、「日本は凄い」に偏り過ぎるのも考えものです。

「ブレイン・アップデート」でのアプローチでは、このような極端な傾向を嫌い、中庸へと戻ることを重視しています。

日本の「不名誉な世界一」と「名誉ある世界一」の両面を公平に見ることで、過去への反省と未来への希望を適切に統合し、現在の自己認識を深めることは可能なのです。このようなバランスの取れた視点は、過去の歴史的経緯を理解し、現代の課題に対してもより客観的で洞察力のあるアプローチを可能にします。

## 『ゴジラ-1.0』のグローバルヒットの背後にある日本の変遷

２０２３年11月に公開された『ゴジラ-1.0』という日本映画をご存じでしょうか。

私がこの映画を観るキッカケになったのは、アメリカ在住の友人から興奮して連絡があったことからです。

「田中さん、今アメリカで『ゴジラ-1.0』が凄いことになってるよ！

これまで、『日本の特攻はクレージーだ』と言っていたアメリカ人がこの映画を見て、『初めて日本人の特攻精神に共感できて、涙が出た！』って評判になっているよ！

他にも、ベトナム戦争に行ってきた90歳近い退役軍人が、『日本人は、まだ幸せだ！俺たちは、それまでアメリカでの自由を満喫していたところから、急にベトナムに連れて行かれて戦わされた。『敵は共産主義だ』と言われても、なんで祖国を離れて縁もゆかりもない土地で、戦わなければいけないのか、全くわからなかった。その挙げ句に、それまで連戦連勝だったアメリカが初めてベトナム戦争に負けてプライドはズタズタ。帰国しても、市民生活に馴染めず、ドラッグをするか酒を飲むか、傭兵となって戦場に戻るしかなかったんだ。そんな戦争によるＰＴＳＤを抱えた人間がアメリカにはたくさんいるんだ。

だから、この映画を見て愛する者のために戦うことができた日本人は幸せだって思ったんだ！』と、涙を流して話してくれたんだよ！」

と熱いメッセージをくれました。

私も、早速「ゴジラ-1.0」を見にいき、感動して、受講生たちに課題映画として見るように連絡しました。

さて、「ゴジラ-1.0」のグローバルな成功の背景には、ただの特撮映画の枠を超えた深いメッセージが込められていることが関係していると考えられます。

この映画に登場する「ゴジラ」が何度も再生し逞しくなる姿は、戦後の日本にとってはアメリカの象徴とも解釈されていますが、私はむしろ、人間一人ひとりの中で増殖していく「**内面に抱える恐怖の象徴**」として解釈しています。

私たちは、「**実際の痛み**」には、上手に対処できるものです。しかし、「**痛みに対する恐れ**」**は無限に増殖**し、私たちを圧倒します。そして、それは個人の肉体や精神にとどまらず、家族、地域、社会全体にまで負の連鎖として広がっていきます。

この映画の特徴的な要素は、ウルトラマンや超人ヒーローが敵を倒す典型的な怪獣モノとは一線を画し、ゴジラという無敵とも思える存在に、ごく普通の人間たちが自分たちの力で立ち向かう姿を描いている点です。

この映画の中心には、特攻から逃れた主人公・敷島がいます。彼は、戦時中に逃げ出した結果、多くの仲間を失い、戦後も生き残った自分を責め続ける、一見弱く欠点だらけの人間です。しかし、彼の姿は、どこにでもいる普通の人間の象徴として映画に深みを与えています。

戦後、日本は武装解除され、米軍も冷戦の影響で手を差し伸べられない状況の中で、ゴジラという圧倒的な脅威が現れます。この状況下で、恐怖に怯え逃げ回る人々が徐々に「生きるために戦う」という決意を固め、個々の勇気が結集します。まさに、国民一人ひとりの小さな勇気が、やがて大きな力となり、絶望的な状況を乗り越える希望の象徴です。

**現代の日本は、伝統的な日本人精神（志）が学校教育から取り除かれ、日本国民のアイデンティティが弱められた一方で、「教育勅語」や「修身」が西洋に紹介されて精神の支柱として受け入れられました。**ＧＨＱの「ウォー・ギルト・インフォメーション・プログラム」が、時代と共に日本人の心を侵食し、自殺率の増加や自尊心の喪失などの社会問題を引き起こしています。

私たちがこれらの問題に立ち向かうためには、ウルトラマンのようなヒーローが登場するのを期待するのではなく、一人ひとりが覚悟を決め、勇気を持って恐怖に対峙する以外に方法はありません。

いじめっ子に立ち向かうことで、対等な関係を取り戻し、関係性が変わる可能性があります。これは、日本のアニメによく見られる、「敵と本気で戦った後にお互いの健闘を讃えあい仲間となります。そして、さらなる強敵との戦いを通じて次々と仲間が増えていく」というテーマを反映しています。

映画の結末は、ゴジラが海に沈むものの、ヒロインが生き残るという意外な展開を迎えます。しかし、彼女の首筋に見える黒い痣は不穏な暗示を含んでおり、彼女がゴジラの細胞により救われたことが示唆されています。

これは、人々が未知の脅威に繰り返し対峙する現代社会の象徴として解釈でき、パンデミックと闘う現実世界との類似性を感じさせるラストシーンで、映画はその同時代性を際立たせています。

第2章

# 夢と志
# ―日本の教育の転換点

BRAIN UPDATE

## 夢と志――日本の教育の転換点

志教育を推進され「天命の暗号」の著者でもある出口光先生から日本の教育について学ぶ機会がありましたが、このことは私にとって大きな衝撃でした。

戦後の日本における教育の変革は、多くの点で注目に値しますが、中でも言葉の変化が象徴的だと言います。

「志」という言葉が「夢」という言葉に置き換わったことは、単なる語彙の交代以上の意味を持ちます。では、具体的に「夢」と「志」にはどのような違いがあるのでしょうか？

**「夢」とは、個人的な願望や夜に見る非現実的なものを指し、しばしば「叶わないもの」として捉えられます。**

この言葉は、楽しく、ふわふわとした印象を持ち、戦後の日本人がハリウッド映画を通じて知った「アメリカン・ドリーム」に強く影響されました。夢は、個人が追い求めるものであり、しばしば現実からの逃避を意味することもあります。

一方、私たち先祖から伝わる「志」**とは何かというと、世の中への貢献や社会性を持つことを意味します。**

これは個人的な願望を超え、社会全体や他者に価値をもたらすものです。「志」には嘘がなく、ブレることがありません。それは命をかけてでも成し遂げるべきものであり、世代を超えて受け継がれるべき価値があります。「志」は他者からの支持や応援を受けるものので、個人の成長だけでなく、社会全体の進歩に貢献します。

個人主義の欧米には、「志」に相当する言葉がありません。敢えて英語にするならば「Samurai Spirit」となるでしょう。

## 現代日本の教育における夢と志

戦後の教育が「志」から「夢」へとシフトしたことは、日本人の価値観や目指すべき目標に大きな影響を与えました。個人的な成功や幸福を追求する「夢」の文化は、しばしば社会的な責任や共同体への貢献を忘れさせる傾向にあります。

一方で、「志」を重視する文化は、個人の利益を超えた社会全体の発展を目指し、より持続可能で意義深い目標に焦点を当てます。

私たち日本人は、「夢」と「志」のバランスを見直し、再び社会全体の為に貢献する精神性を取り戻す必要があると強く感じます。

## 夢と志の違い

さて、私のセミナーでは参加者の皆さんに、「夢」と「志」の違いについて話し合うワークを行っています。

読者の皆さんは、「夢」と「志」は、どう違うと思いますか？

**「私の夢は、世界一周することです！」**

と言うと、周りの反応はどうでしょうか。

「大きな夢を持っているんだね、頑張って叶えられるといいね！」、もしくは「そんな夢みたいなこと言ってないで、ちゃんと現実に向き合いなさい！」と言われるかもしれません。

では、「私の志は、世界一周することです！」と言った場合はどうでしょうか？

何か違和感がありますね。志は個人的なものではなく、もっと公《おおやけ》の為に貢献するイメージがあります。そこで、

**「私の志は、世界中を旅することで、異文化交流をし、お互いを尊重し合う平和な世界を創ることです！」**

となると、しっくりきますよね。

つまり、**志は、個人の夢を超えて、公の為に貢献するもの。**

だからこそ、その志に共鳴した多くの人から応援されることで、どんな試練が待ち受けていようとも、ブレずに突き進んでいくことができます。

また、そのプロセスの中で、事柄としての手段方法は時代と共に進化し続け、たとえ**志半ばで倒れようとも、次の世代がその志を継承し、何世代を掛けてでも達成しよう**とするエネルギーが感じられると思います。

## 天命と志の関係

「志は、個人の夢を超えて、公の為に貢献するもの」とお伝えしました。

そして、「公の為」を限りなく大きくすると「**天の為**」となります。それが天命であり、「**天命に志す**」ことこそが「**人としての生きる道**」だとしたらどうでしょう？

「天命なんて、何か特別な人にだけ降りてくるものじゃないんですか？」

「私にも天命があるのでしょうか？」

と聞かれる方が多くいます。
私は、どんな人にも天命があると信じています。

## 天命を山登りに例えると

「良い子」「悪い子」「普通の子」という三つの山があったとします。

①自己責任の山を登る（自発的行動の道）

子供の頃は、誰しも興味好奇心に満ちていて、内側から湧き上がるようなエネルギーで「普通の子」の山を登っていきます。これは「自発的な行動」です。

そして、行動した結果を振り返り、「今度は何をしようかな」と「内省」します。ここで登山道を折り返すことになります。このようにして、「自発的な行動」と「内省」を繰り返しながら天命に向かって「自己責任の山」の頂上を目指して登っていくのが「普通の子」の在り方です。

天は、その間、雨や霧、獣などさまざまな「試練」を与えると共に、綺麗に澄んだ空気、勇壮な景色など、さまざまな「支援」もしてくれています。

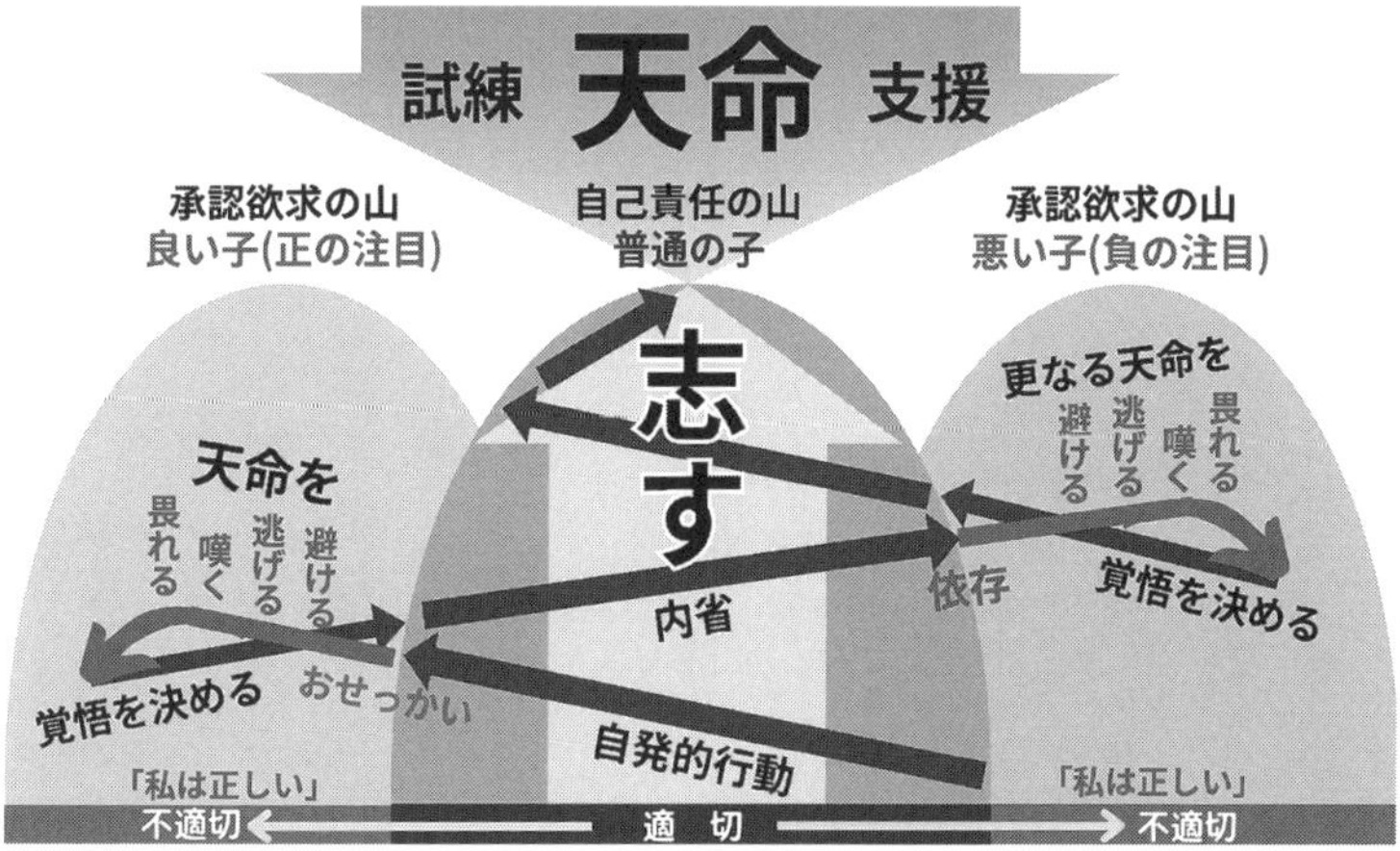
試練
天命
支援
承認欲求の山
良い子(正の注目)
自己責任の山
普通の子
承認欲求の山
悪い子(負の注目)
志す
天命を
畏れる
嘆く
逃げる
避ける
覚悟を決める
おせっかい
内省
依存
更なる天命を
避ける
逃げる
嘆く
畏れる
覚悟を決める
自発的行動
「私は正しい」
不適切
適　切
「私は正しい」
不適切

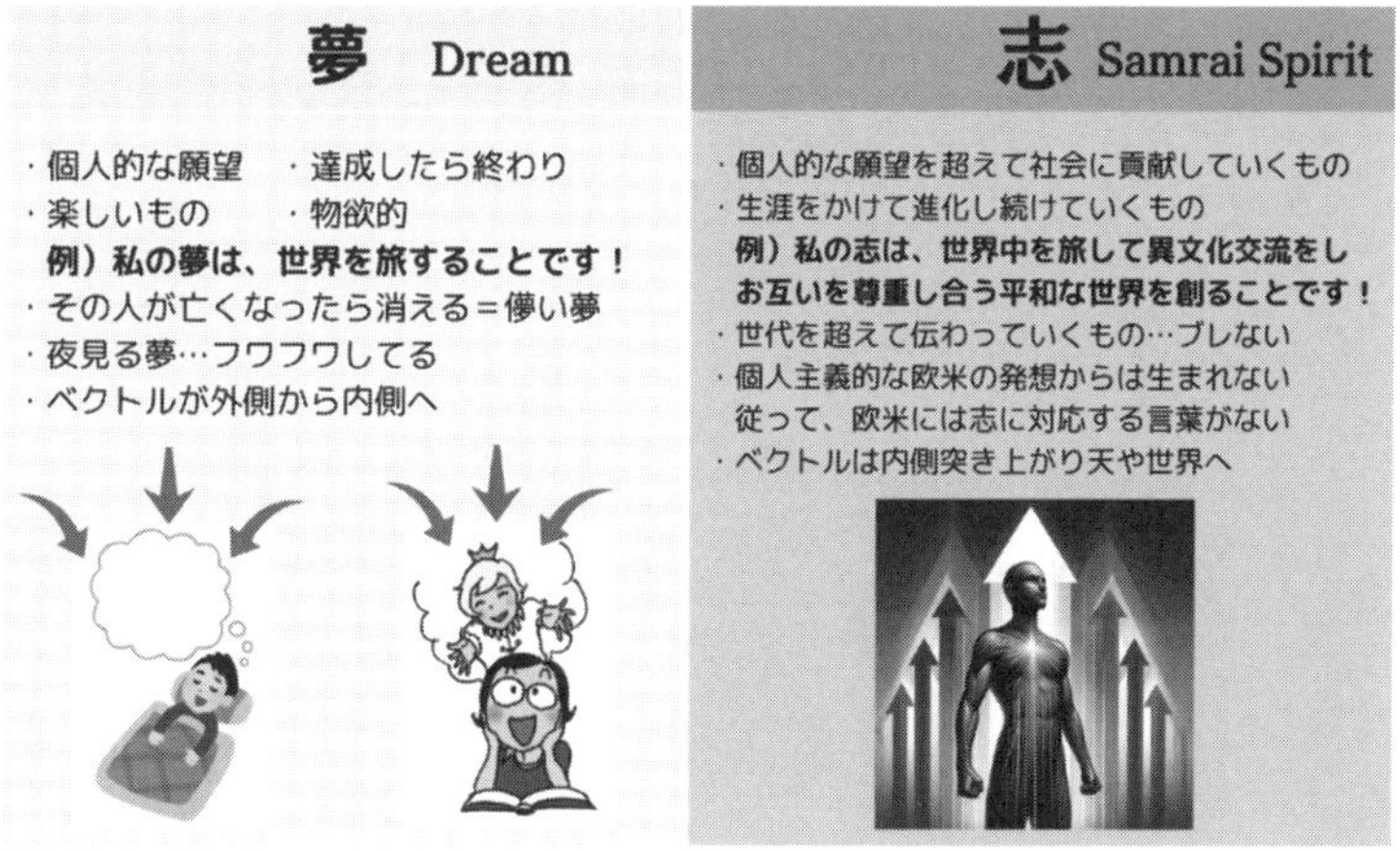
夢 Dream
・個人的な願望　・達成したら終わり
・楽しいもの　・物欲的
例）私の夢は、世界を旅することです！
・その人が亡くなったら消える＝儚い夢
・夜見る夢…フワフワしてる
・ベクトルが外側から内側へ
志 Samrai Spirit
・個人的な願望を超えて社会に貢献していくもの
・生涯をかけて進化し続けていくもの
例）私の志は、世界中を旅して異文化交流をしお互いを尊重し合う平和な世界を創ることです！
・世代を超えて伝わっていくもの…ブレない
・個人主義的な欧米の発想からは生まれない
従って、欧米には志に対応する言葉がない
・ベクトルは内側突き上がり天や世界へ

さて、「**適切な行動**」と「**正しい行動**」という言葉がありますが、この二つの言葉はどう違うと思いますか？

「適切な行動」とは、その人自身が目指す本来のゴールに向かって進んでいる状態のことを指します。この山の例えならば、「自己責任の山」を葛折りに折り返しながら登っていくことが「適切な行動」ということです。

②良い子の山の方に行き過ぎてしまう（お節介の道）

ところが、私たちは親や学校や社会から「**善悪二元論**」に基づいた「**正しい／間違ってる**」という絶対的な価値観を植え付けられます。そうなると、適切な範囲を超えても、「正しいことは、もっとやったら、もっといいだろう！」と思って、行き過ぎてしまうのです。

こうして、自分自身の為に自発的に行動する適切な範囲を超えて、ついついお節介で他人の課題にまで首を突っ込んでしまうわけです。この時には、「**良い子になって褒めてもらおう、認めてもらおう**」**という承認欲求が隠された意図**として働いています。

天命に向かって登っていく自己責任の山から遠ざかれば遠ざかるほど、不調和が起き、さまざまなトラブルに巻き込まれるようになっていきます。

そして、その時に内側から湧いてくる独り言がこれです。

**1）天命を避ける……**「天命なんて、そんな大変なことを背負い込むことより、毎日、ワクワク楽しく生きることが大切なんですよ！」

**2）天命を逃げる……**「天命なんて特別な人にだけあるものであり、私には関係ありません。そんなことより、日々の生活の為に仕事をするのが精一杯です！」

**3）天命を嘆く………**「何でこんなに厳しくて苦しい人生なんだ！　これが私の天命の為の試練だとしたら大変すぎる！」

**4）天命を畏れる……**「もしかすると、『この苦難を乗り越えて、同じように苦しむ人たちに貢献することが私の天命なのかもしれない』でも、そんな畏れ多いことは私ごときには無理ですよ！」

③覚悟を決めて折り返す（内省の道）

**天命に志す……**「もう逃げも隠れもしません！　これが天命なら覚悟を決めて取り組みま

す！」と、折り返し、自己責任の山の「内省の道」に戻ります。これによって、また調和したエネルギーなどさまざまな支援を受け取れるようになります。

④悪い子の山の方に行き過ぎてしまう（依存の道）

内省の道を進んだ上でさまざまな気づきを得ることできたならば、「行動の道」に折り返します。ところが、「まだ足りない」と思うと、気づきを与えてくれるようなスピリチュアルな世界に依存して、ますます行動しなくなっていきます。

**1）さらなる天命を避ける**

**2）さらなる天命を逃げる**

**3）さらなる天命を嘆く**

**4）さらなる天命を畏れる**

⑤覚悟を決めて折り返す（自発的行動の道）

**5）さらなる天命に志す**……覚悟を決めて折り返し、自己責任の山の「自発的行動の道」に戻ります。これによって、また調和したエネルギーなどさまざまな支援を受け取れるようになります。

⑥これを繰り返して自己責任の山の頂上に至る

**「自発的な行動」**と**「内省」**を繰り返しながら**「自己責任の山」**の頂上を目指して登っていきます。

山の頂上に近づけば近づくほど、左右の幅は狭くなってきます。山の低い位置の時には、**「承認欲求の山」**の方にかなり行き過ぎても、**「覚悟を決めて」**折り返せば**「若気の至り」**として許され**「自己責任の山」**に戻ることができました。

しかし、責任ある地位にまで登ってきた政治家や有名人などは、ちょっとした**「軽はずみな言動」**によって、崖から転げ落ちて致命傷になってしまいます。だからこそ、自分を常に律して、自己の内面を整えていくことが必要になってくるわけです。

# 第3章

# 人生は三部構成のドラマ

BRAIN UPDATE

## 三部構成（三幕）のストーリー展開

自らの人生を考える時、小説や映画のようなストーリーがあることに気づきます。

「ブレイン・アップデート」でも、その人生をわかりやすく客観視するためにこの手法を使ってワークを行います。

「三部構成」とは、世界中で利用されているストーリー構成の基本理論です。

ストーリーを大きく三つの「幕」に分けて考える理論で、とくにハリウッド式（アメリカ式）の脚本術の基本として知られています。

現代の研究者たちが、古代の神話から現代の映画まで、さまざまな物語を分析した結果として発見した「物語の基本原則」が、三部構成なのです。

とくに有名な研究者で、三部構成をわかりやすい形にま

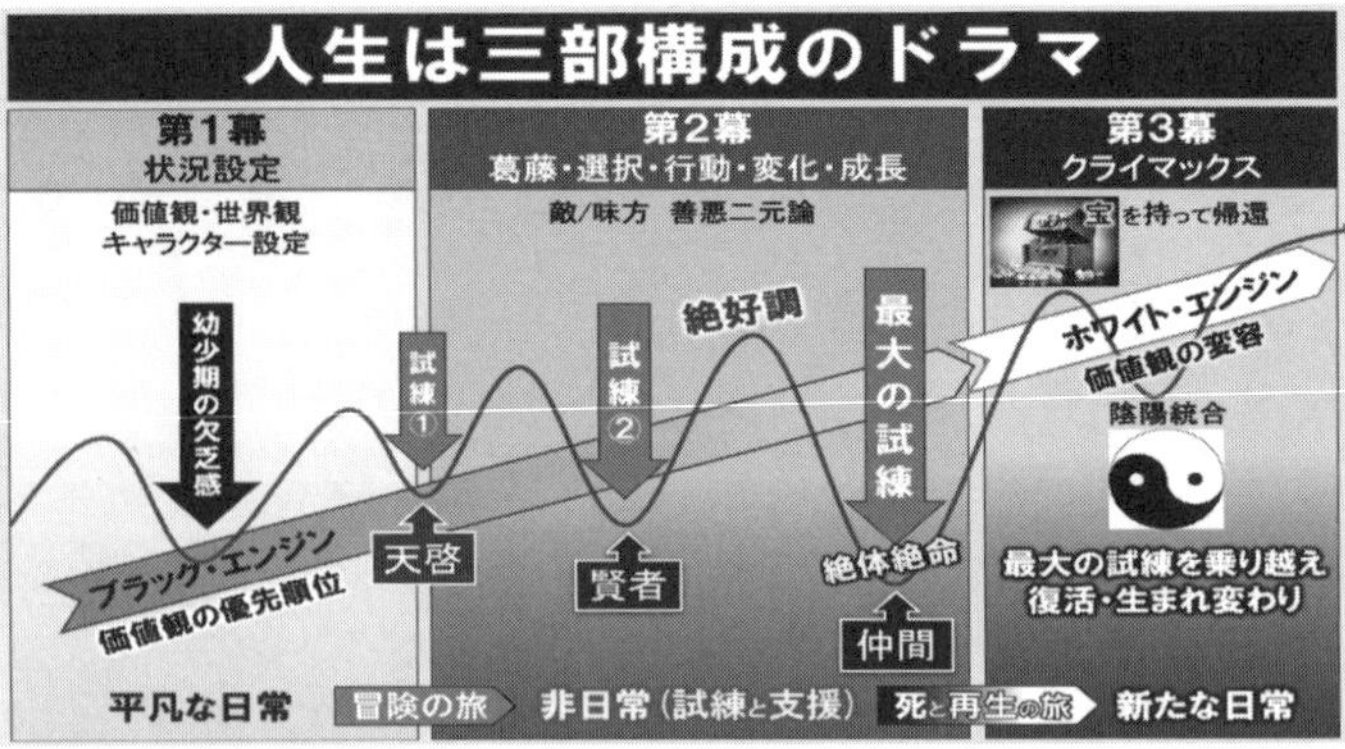

とめた人物がシド・フィールド氏。その著書『**映画を書くためにあなたがしなくてはならないこと**』は、三部構成の基本や定義を世に広めたバイブル的な存在として知られています。

では、なぜこのような構成ができたのか？

それは、多くの人の人生そのものがこの構成になっているからです。観客は、映画を見ながら自分の人生になぞらえて共感し、感動し勇気づけられることになります。

**人生の第一幕：状況設定　価値観・世界観・キャラクター設定**

試練１：幼少期の欠乏感によるネガティブな感情がブラック・エンジンとなり、主人公の
　価値観の優先順位が決まる主人公は人生を賭けて、その欠乏感を埋めようとする
　動機が生まれる

支援１：インスピレーション（天啓）
　平凡な日常とは掛け離れた情報に出会う

冒険の旅：今までの平凡な日常を脱出して冒険の旅に出るキッカケが生まれる

**人生の第二幕：非日常　葛藤・選択・行動・変化・成長**
（敵／味方に分かれて戦う善悪二元論の世界）

試練2：これまでの経験や価値観では抜け出せない状況に見舞われる

支援2：賢者との出会い

そこで、主人公が目指している世界をすでに体験したことがある賢者から指導を受け、修行をすることによって困難を克服します。そして、絶好調の波に乗ります。

試練3：有頂天になることで、急降下し最大の試練が訪れる

支援3：仲間の存在が重要、困難の過程でバラバラになりかけた仲間がもう一度集まり絶体絶命のピンチを乗り越える

死と再生の旅：人生の絶体絶命のピンチの中で一旦は死にかける

ここで、これまでの価値観を捨て、あらたな価値観に変容することで復活します。

**人生の第三幕：クライマックス（天命に目覚める）**

と進んでいきます。

とくに重要な第一幕について、もう少し詳しく説明しましょう。

## １．人生の第一幕

### ◆状況設定

　第一幕では、物語の全体に繋がる状況設定として、主人公の価値観・世界観の基礎となるエピソードが描写されます。

　もしあなたがシナリオライターだったとしたら、どんな状況を設定し、主人公にどんな個性を与えますか？　そして、それに対して、相手役としてどんな登場人物を描くのでしょうか？

　そのように、〝自分自身の人生を創造主（脚本家）の視点で俯瞰してみる〟と、今までと違ったものが見えるようになっていきます。

　ここで登場する人物は、それぞれに個性のあるキャラクターになっています。登場人物がみな同じような価値観で、何でもわかり合えてしまったらドラマが始まらないからです。

世界観
この世界は食うか食われるか
弱肉強食の世界だ
人間観
他人は皆んな敵だ
自分観
自分は弱い存在だ
強迫観念
だから強くなって
敵に勝たなければ
いけない

世界観
この世界は自分自身が
創造している世界だ
人間観
他人は私の共演者
自分観
自分は世界の創造主
価値観
関係者全員の
最高最善に貢献し
共に成長しよう

## ①先天的なキャラクターの理解と「ブレイン・アップデート」

先天的なキャラクターには、「家系によって継承されている遺伝子DNAの影響」からくるものと、生年月日によって決まる、天体の影響があります。

また、家系によって継承された遺伝子の影響は顔に現れることが多いのです。

「キャラクター」と言えば、真っ先に思い浮かべるものの一つに、顔の違いがあるのではないでしょうか？

「十人十色、顔がみんな違うように、性格もみんな違う」という言葉は、まさにその通りで「顔（ハードウェア）の違い」が、「認識の違い」になり、「性格や行動パターンの違い」にもなっています。

DNAレベルを通して顔に現れた特徴を人相科学（パーソノロジー）を通して見ることができます。これは、行動遺伝学とも呼ばれ、単なる人相学を超えた人相科学（構造／機能）というものです。

この詳しい内容は、私の前著である『自分の顔を生きる』に書きましたので、興味のある方は参考にしてみてください。

一方で、生年月日によって決まる天体の影響による人生の流れも考慮します。

その人の人生の大きな流れを俯瞰していく上では、個々人の生年月日に基づいて決定される個性やバイオリズムなども重要な要素となるからです。

占いの類いと軽視されがちな、九星気学、四柱推命、易学、占星術などは、古代から伝承されてきたものであり、人生を俯瞰する上で、大いに参考にすることができます。

「ブレイン・アップデート」の講座の中でも「BU九星気学講座」という形でお伝えしています。これだけでも何冊もの本が書けるほどの内容となってしまいますが、本書では触れません。

一般的な占いに対しては、概して二極化した反応があることを私はよく知っています。

セミナーなどで人相や生年月日を用いて話を進めると、「占いが大好きな人」と「非科学的だとし、全く興味を示さない人」というように大きく二つに分かれる傾向があるからです。それは、歴史を知らないからだと思います。世界中のどんな文明にも、為政者の政策や歴史的な出来事には占星術や占術が多く関わっていた事実がありますし、現代においても、偉人の多くが人生の岐路にスピリチュアルな体験をしたり、重大な決断に占術を用いたりした話は枚挙にいとまがありません。

それでも、中には占いや宗教に騙されて、大切な人生を損ねてしまう人も多いことはよく聞きます。「占い愛好家の罠」とでも言ってもいいかもしれません。

占いに夢中になる人々は、運命論に傾倒し、自らの人生を自分で決めずに、占いに委ねる傾向があります。多くの占い師は、ネガティブな予測を強調し、クライアントに不安を植え付けるのが商売です。このような商売の占い師たちにはまってしまうと、人生がうまくいかなかった言い訳に占いを使って自分を正当化するようになります。そして、自分自身で人生を選択する代わりに、すべて占いに決めてもらおうとするのです。

また、非科学的だとして拒絶する人は、科学的思考を重んじるために、占いを非科学的と見なし、その有効性を疑問視します。これは、占いが実証的な根拠に基づかないという認識からくるものです。

「ブレイン・アップデート」のセッションでは、占いを統計的な性格の傾向を分類するために用いており、運命論的な捉え方に陥ることなく、人生の選択肢を保持し、自己決定力を強化する方法として位置づけています。

さらに、「ブレイン・アップデート」では、バイオリズムの重要性も学んでいます。

生命のリズム、すなわちバイオリズムは、人生において重要な役割を果たすからです。

すべてのものは自然の摂理によって時間の流れの中で変化し、成長し、進化します。

例えば植物の成長サイクルは、自然界のこの原則を象徴しています。人生もまた同様で、成長と発展にはそれぞれあるリズムがあり、異なる段階を経験します。これらのリズムを理解し、活用することは非常に重要です。

多くの人々が日々の生活のために奮闘し、あくせくと働いています。平穏な日々を送ることで安心感を得る為に、常に日常生活に追われてしまうのです。その為、みなさんは歩むべき本来の生きる目的を見失ってしまうことになります。

「ブレイン・アップデート」は、宇宙的な視点から自己を俯瞰し、自らがこの時代に生を受けた真の目的、すなわち天命を見出すための手段として用いられます。

個人の気質やバイオリズムを理解する上で、ここで

【バイオリズム９年サイクル】

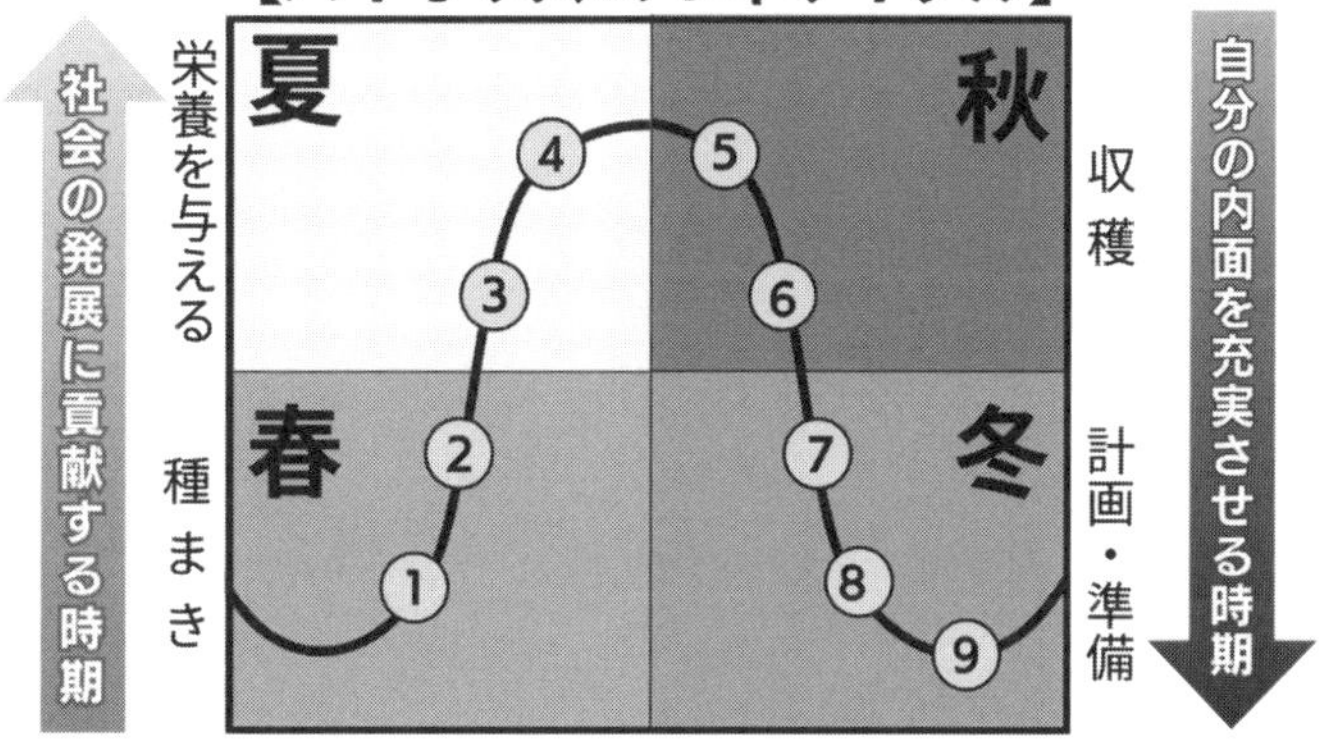

使用する占いは有用なツールとして機能します。そして、このプロセスを通じて、人々は生き延びるための戦いから一歩引き、より豊かで意味深い人生を目指すことができるようになります。

### ②後天的なキャラクター

後天的にキャラクターに影響を及ぼすものとして、とくに人間関係では、「きょうだい順位」が大きな要因となります。

その「きょうだい順位」による性格傾向をご紹介しましょう。

#### ・長子……生まれながらのリーダー

長子は、「王様」「女王様」として、責任感と自尊心が強く育ちます。親からの深い愛情と期待の中で、初めての子育ての理想と情熱が投影されます。幼い頃から、弟や妹の面倒を見る経験を通じて、社会に出てもその責任感と面倒見の良さが発揮されますが、時には横柄に受け取られてしまう態度に出てしまうこともあります。

**・末子……したたかなアイドル**

末子は、家庭内の「アイドル」としての役割を果たします。親の手の抜き加減と愛情により、彼らはサービス精神と社交性を発達させます。しかし、兄姉を見て学ぶことで、時にはしたたかさを身につけ、巧みに世渡りをすることができるようになります。

**・中間子……永遠の思春期**

中間子は、永遠の思春期のような性格を持ちます。人間関係や他者の評価に敏感で、繊細さを持つ一方、役割の変化によって、バランス感覚を磨きます。彼らは、家族内でのポジションの変化により、注目を浴びようとする傾向も持ち合わせています。

**・一人っ子……独創的な天才肌**

一人っ子は、兄弟姉妹がいないため、彼らは独自のルールと価値観を持ち、マイペースで自分勝手な行動を取ることがあります。保護される対象がいないため、責任感

**きょうだい順位と性格傾向**

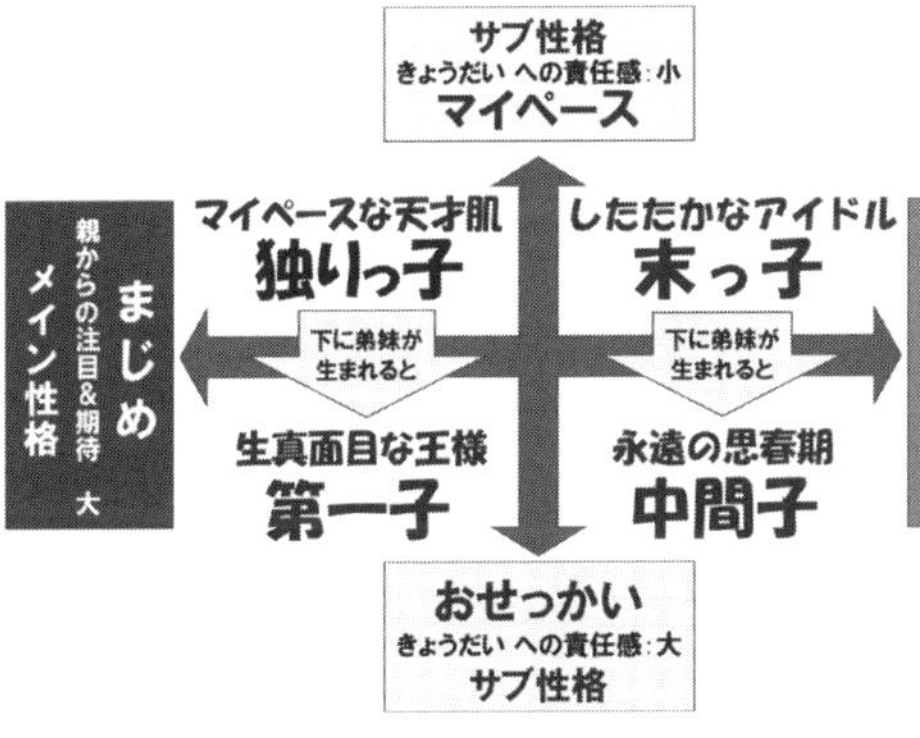

はそれほど強くない一方で、100%の愛情を受けて育ち、自信に満ち溢れる素直さを持っています。《五百田 達成著　不機嫌な長男・長女 無責任な末っ子たち》

## 2. 人生の第二幕：非日常　葛藤・選択・行動・変化・成長

（敵／味方に分かれて戦う　善悪二元論の世界）

ブレイン・アップデートでは、クライアントのセッションをする際に、この三部構成のシナリオを意識しながら、自分の役柄に感情移入し過ぎているクライアントを観客席から見る視点に切り替えられるようにします。その方法は、後の章で紹介する「ＥＳＲ＝**額に手を触れ前頭前野を活性化させるテクニック**」です。

これによって、感情を切り離して客観的に自分自身を見つめ直すことができるようになります。

**客観的とは、文字通り舞台から観客席に移動すること**で、自分の演技や相手役、他の登場人物の演技とその関係性から織りなされているドラマを一緒に楽しんで見ることです。

一般的な、「医者・治療家と患者」「心理セラピストとクライアント」との関係は、お互いにまだ「人生の第二幕」の中での役者同士だと言えます。

表面的な問題解決のようなストーリー展開だけではなく、その裏に流れているテーマを見つけ出していく必要があります。

## 3. 人生の第三幕：クライマックス（天命に目覚める）

第二幕の最後は、「**死と再生の旅：人生の絶体絶命のピンチ**」の中で、一旦は死にかけます。これによって、今までの古い価値観が崩壊します。

ここから、**二元性を超えた視点**に目覚めることを通して新しい自分として復活します。

そして、この「**第三幕：クライマックス**（**天命に目覚める**）」が始まります。

この段階に進むためには、**世阿弥の**「**離見の見**」（世阿弥の能楽論で、演者が自分を離れて観客の立場で自分を見ること）を用います。すなわち「**観客席の視点**」**から**「**脚本家**（**創造主**）**の視点**」**に切り替えて**、人生のすべてを俯瞰して統合していく必要があります。

この時のポイントは、幼少期の欠乏感「あんなことさえなければ……」と思ってきた最悪の経験や、その後に繰り返してきたネガティブな出来事のすべてが、視点を変えてみることで「最大のギフトだった！」「あの経験があったからこそ今があり、これからの未来があるんだ」という視点に立てるようになるのです。このように「ブレイン・アップデート」のプログラムはサポートしていきます。また、私たちも、一人ひとりに対してお手伝いをします。

本書を読まれている読者のみなさんも、「ただノウハウを知識として頭に入れよう」とするのではなく、自分自身の人生のシナリオを創造主の視点から俯瞰してみてください。

**「自分は何のために、この日本という場所（もしくは、日本以外の方は、その国）に、この肉体を以て、この両親を親に選び、このきょうだい順位で、この時代（生年月日）に生まれてきたのか？」「なぜ、さまざまな試練を経験する必要があったのか？」**

それはすべて、「天命」という大きな目的のために、あえて創造主（真我）としての自分が、この「肉体をもった自分＝自我」に経験させるために設定したシナリオであったということです。

登場人物もすべてそのために、「試練を与える憎まれ役」と「サポートしてくれる味方役」を絶妙なバランスで、完璧なタイミングで出会うように仕組んだことだった……。

それに気づかず、

1）天命を避ける

2）天命を逃げる

３）天命を嘆く
４）天命を畏れる

という段階を経て、今「**天命に目覚め、天命を志す**」タイミングが来たからこそ、本書を手にすることになったのだ！　……という視点で見ることを選択することによって、スコトーマ（心理的盲点と言われ、知識や興味不足からくる固定観念）が外れ、真実を俯瞰することができるようになっていきます。

本書は、あなたが**インスピレーション**（**天啓**）「**平凡な日常とは掛け離れた情報に出会う**」ことを願って書き進められています。

そうして、あなたは本書に書かれた驚くべき情報にインスパイアされ、「**今までの平凡な日常を脱出して冒険の旅に出る**」ことになります。

本書を読み進めながら「**人生の第二幕：非日常（葛藤・選択・行動・変化・成長）敵／味方に分かれて戦う善悪二元論の世界**」を観客席の視点から楽しみます。

これだけでも、あなたの人生は変容し始めることでしょう！

しかし、必ず、

**「試練2：これまでの経験や価値観では抜け出せない状況に見舞われる」**

という段階が訪れます。しかし、絶妙なタイミングで、

**「支援2：賢者との出会い」**

が待っています。

**そこで、主人公が目指している世界をすでに体験したことがある賢者から指導を受け、修行をすることになります。この修行によって、困難を克服します。**

この段階が訪れたら、どうぞ体験会がありますので、直接私に会いに来てください。

そして、仲間と共に「ブレイン・アップデート」を学ぶごとに、これまで「問題だ」と思っていたことが「すべてがギフトだったんだ！」と気づき、その気づきごとに、あなたの人生はどんどん好転していくのです。

そして、**「絶好調の波に乗る」**という段階が訪れます。

それから、

**「試練3：有頂天になることで、急降下し最大の試練が訪れる」**

**「支援3：仲間の存在が重要、困難の過程でバラバラになりかけた仲間がもう一度集まり絶体絶命のピンチを乗り越える」**

という経験をします。そして、

**「死と再生の旅：人生の絶体絶命のピンチの中で一旦は死にかける」**

**ここで、これまでの価値観を捨て、あらたな価値観に変容することで復活する**のです。

そして、いよいよ

**「人生の第三幕：クライマックス（天命に目覚める）」**

という段階にワープすることになるのです。

創造主であるあなたが、そのようなシナリオをあらかじめ設定した上で、本書を読んでください。

これまであなたは数多くの本を読んできたことでしょう。今までも「この本で人生が変わるのでは……」と思って、最初は夢中になって読むけれど、読み終わった時には、知識欲は満足したものの、大きな変化は訪れない、という結果に終わったことが多くありませんか？

スタートとゴールは背中合わせでつながっています。今までと同じ感覚で本書を読み始めたら、今までと同じ結果に繋がります。

そこで、本書には

**「新しい知識を得るためのパート（頭）」**

**「実際に体験した人の感動のストーリー（心）」**

**「体感ワーク（体）」**


を織り交ぜた構成になっています。

また、文章だけでは限界があるところは、QRコードから動画も見られるようになっていますので、是非ご覧ください。

　本書があなたの人生を大きく変容させるキッカケとなることが、著者としての私の喜びでもあります。

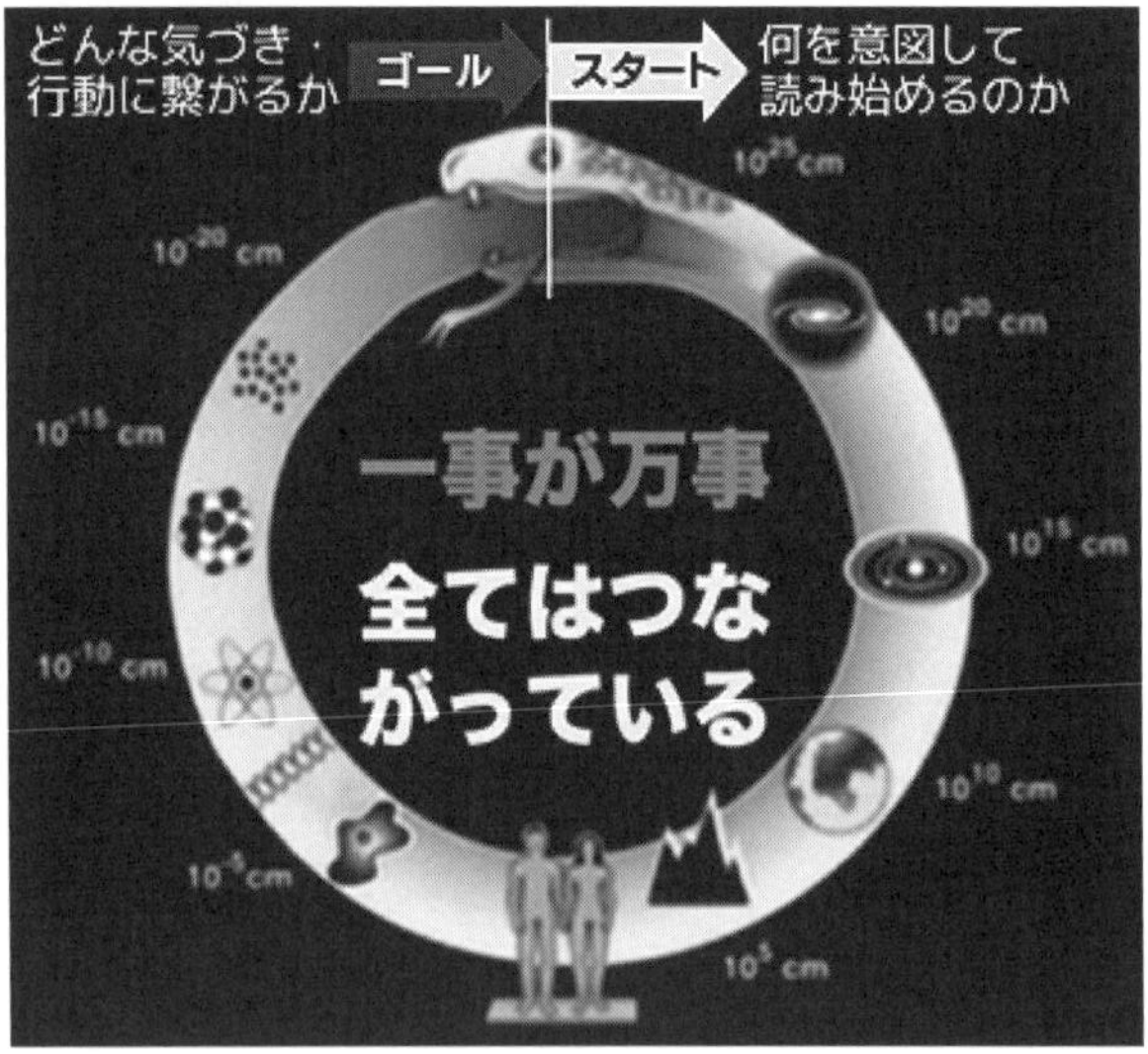

第4章

# 身体は電気仕掛けで動いている

BRAIN UPDATE

## 「病気」とは身体ではなく「気が病」むこと

生きとし生けるものは、すべてエネルギーによって活かされています。人もまた「氣」というエネルギーが身体をめぐっていて、それを「生体エネルギー」と表現することもあります。

経絡は、東洋医学における基本的な概念で、体内のエネルギーの流れ（氣の流れ）を指します。健康状態を理解し、治療法を導く為の古代からの智慧であり道具です。これらの見えないエネルギーパスは、身体全体に氣（生命エネルギー）を運び、身体機能と内臓器官のバランスを維持します。

古くから日本には「病気」という言葉はありますが、「病肉」という言葉はありません。言葉の遊びではありませんが、古来の日本人は、身体が病むことを「気が病む」ことと直感していたのです。

**「病気」とは、「氣＝エネルギーが病んでいる」という意味であり、それは「経絡エネルギー（生体エネルギー）」が正常回路で流れていない状態**を表しています。

スマホがうまく繋がらない状態に例えてみましょう。

まず、あなたが最初にチェックするのはバッテリー（電気）が切れてないかですね。バッテリーが大丈夫ならば、次は圏外になっていないかどうかです。圏外であれば電波が届く場所に移動しましょう。

ここまでは自分でできることですから専門家（病院）に頼る必要はありません。専門家（病院）に頼る必要がある時は、スマホを落としてして故障した場合（事故にあって外傷を負った場合）のみです。

「でも、落としてもいないけど通じないんです」

それは、きっと電話料金を滞納しているからかもしれませんね。そんな場合はすぐにコンビニで支払いをしてください。

## 「オームの法則」と人間の脳・心・体

「ブレイン・アップデート」では、電気の流れに関する基本法則である「オームの法則」を用いて意識、感情、身体のバランスを最適化します。

感情的なブロックや身体的な不調は、生体電流の障害や抵抗の増加と見なされ、これらを解消することで全体のエネルギーの流れが改善され、他のメソッドと比べ物にならないほど早く、確実に潜在能力を引き出すことができます。そして、私たちの内面と外面の世界がどのように互いに影響し合っているかを明確に理解し、職場や家庭で活かすことができます。

では、まず電流の法則である「オームの法則」の基本をおさらいしましょう。

「オームの法則」は、電気の基本原理であり、電圧（V）、電流（I）、抵抗（R）の関係を説明します。この法則は、電圧は電流と抵抗の積に等しいと定義します。

すなわち、V＝I×Rです。このシンプルながら強力な関係性は、人間の脳・心・体の動作においても興味深い類似点があります。

東洋医学では、経絡を身体を通じて流れる微細な生体電

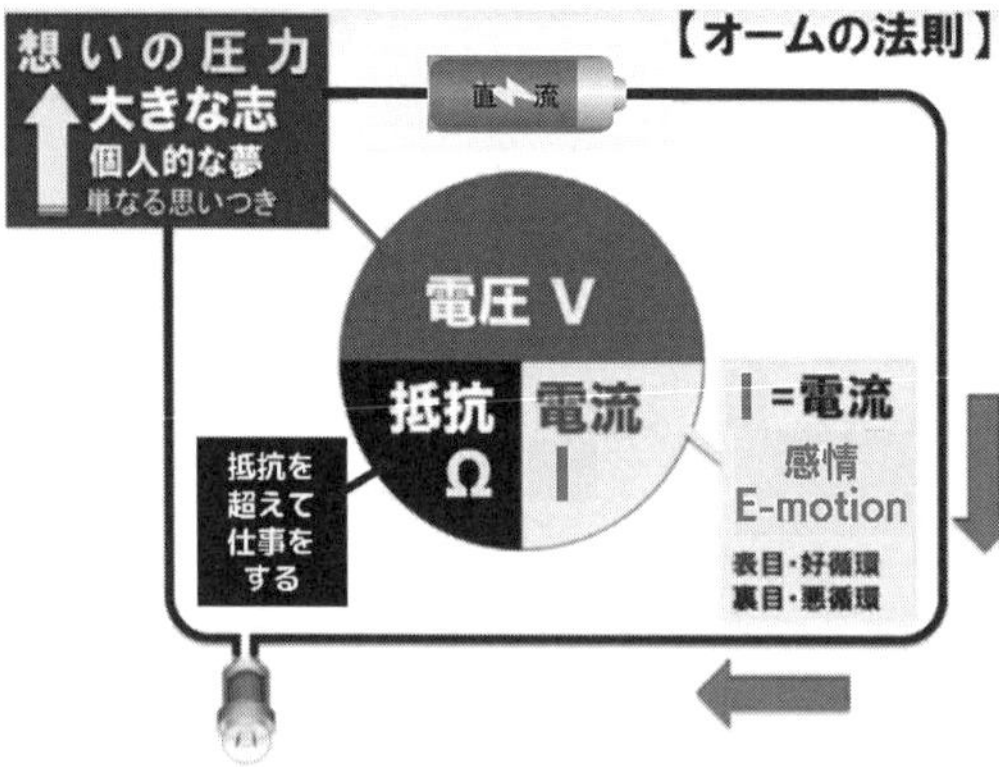

気エネルギーの道として捉えます。経絡を通じて流れる「氣」は、身体の健康状態や機能に直接影響を及ぼします。

このエネルギーの流れには、「オームの法則」の概念を適用すると、とても理解しやすいのです。

## 「オームの法則」と人間の意識・感情・身体

「ブレイン・アップデート」では、オームの法則を意識（電圧）、感情（電流）、身体（抵抗）と結びつけて考えます。

**●意識（電圧）**……私たちの意識は、行動や感情を促す「エネルギー」の源です。高い意識レベルは、より多くの「精神的電圧」を生み出し、ポジティブな変化を促します。

**●感情（電流）**……**感情**（E-motion）**は、**運動（Motion）のエネルギー（Energy）という意味になります。意識の方向性を具体的な行動や反応（電流）に変換します。感情の流れがスムーズであれば、身体と心は調和して機能します。

**●身体（抵抗）**……身体は、感情と意識の流れを具現的な行動として表します。これは、「**モーターを回したり、電球を灯したり**」という**抵抗を超えた本来の仕事**をすることに相当します。しかし、「人目を気にする、過去に囚われる、未来に不安を持つ」などのストレスは「抵抗」となり、エネルギーのスムーズな流れを阻害します。この種の抵抗のことを「**無駄な抵抗**」と呼びます。

大切なことは、「**無駄な抵抗を減らすこと＝感情ストレスの解消**」と「**電圧を上げる＝大きな志を持つこと**」で、電流を流しやすくし、人がその人生で**本来の仕事をするこ**

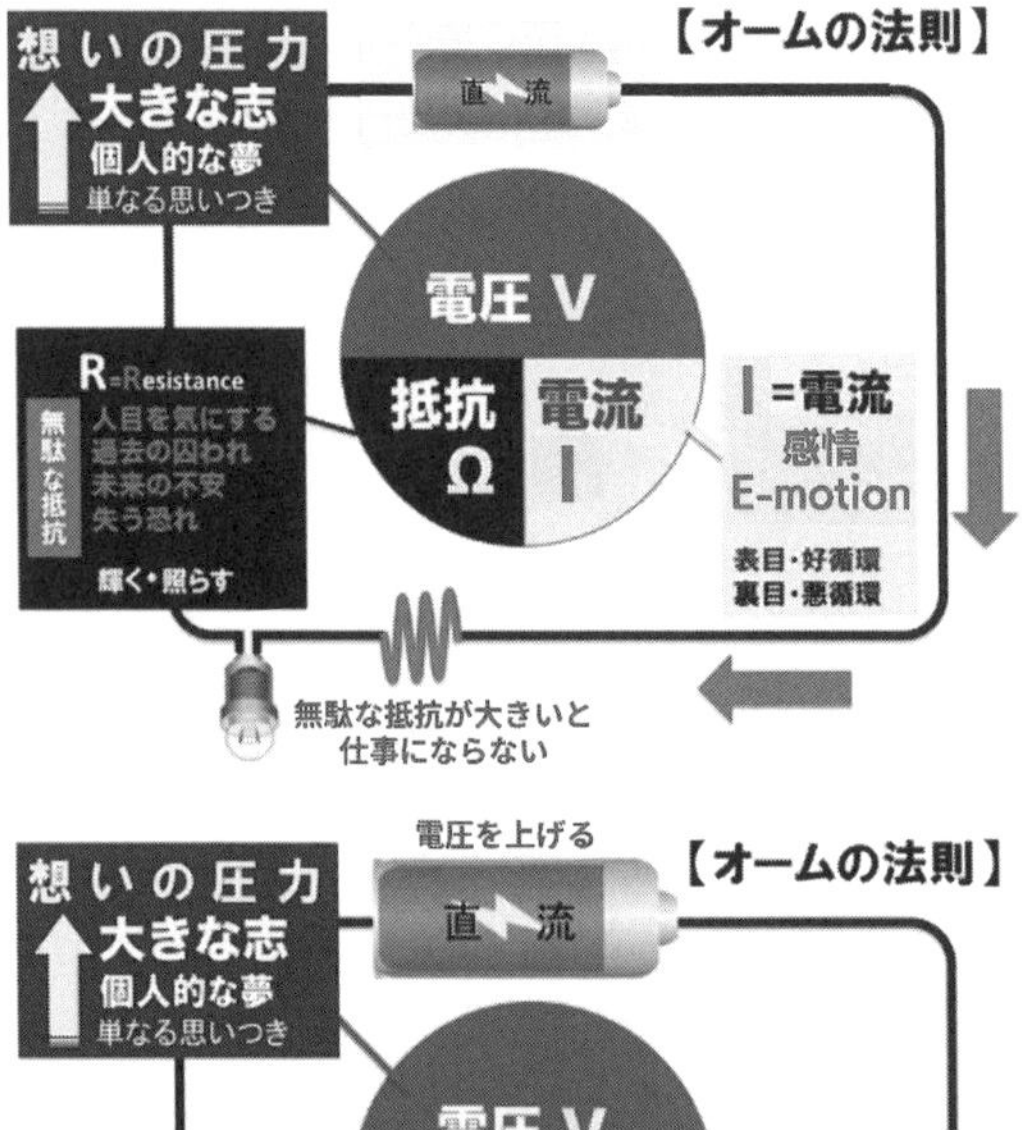

となのです。

仕事とは「**仕える事**」、それを「**生活の為に仕方なくやる**」**のではなく**、「**自ら選択して、楽しむ**」**ことで**「**私事**」にもなります。さらに、社会の為に大きな志につながることで「**志事**」になっていくと考えられます。

## 「ブレイン・アップデート」における応用

「ブレイン・アップデート」では、この「オームの法則」を適用して、意識、感情、身体の間のバランスがどうなっているのかを検査し、さらに最適化します。

例えば、感情的なブロック（電流の障害）や身体的な不調（抵抗の増加）を特定し、これらの問題を認識し解消することで、心身のエネルギーの流れを改善することを目標としています。

「**筋肉反射テスト**」は、「**精神電圧**」に対して「**無駄な抵抗**」が大きいことで、「生体電流」の流れが滞っている時に「**筋肉が弱く反応する**」という形で現れます。

この「無駄な抵抗」を減らす為の具体的な調整方法を「筋肉反射テスト」で検索していきます。

このアプローチは、自己認識を高め、ストレスを軽減し、全体的なウェルビーイングを促進する為の強力なツールとなるのです。

## 磁場とオーラ

電流が流れる際、磁場が発生します。「フレミングの左手の法則」を覚えている人もいると思いますが、電流の向き（中指）、磁界の向き（人差し指）、力の向き（親指）の関係を表すことができます。

この現象を人間に適用すると、身体を流れる生体エネルギーによって、私たちの身体の周りに磁場が発生することは、想像できると思います。これが、目には見えませんがオーラやエネルギーフィールドと考えることができます。

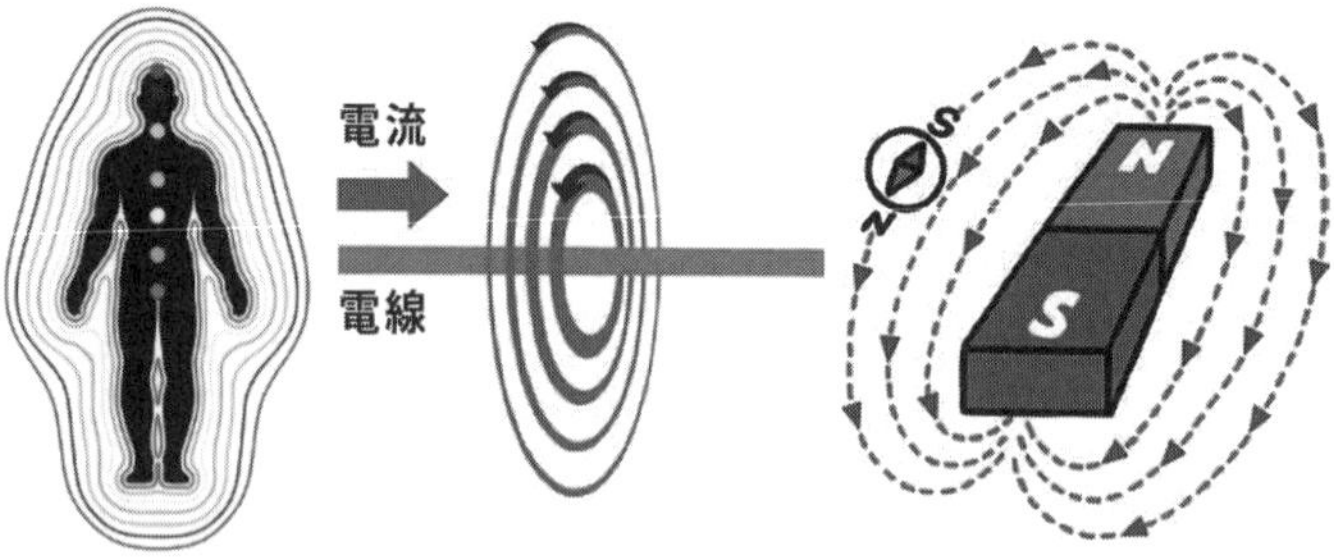

人間の思考や感情、身体の状態は、この磁場を形成し、強化する力を持っています。

つまり、私たちの内面の状態（生体エネルギーの流れ）が、周囲の環境や他人との関係に影響を与える磁場を創り出すのです。

## 志と磁場の創造

ここで世界一のアンティーク宝石商であるアルビオンアート株式会社の有川一三氏からいただいた言葉を紹介します。この言葉は、志と磁場の創造の概念を象徴的に表現しています。そこで私は、この言葉を元に下図の様にデザインしてみました。

そして、その志が高く、深く、強く、純なる時は、それが大いなる磁場を創り、それらの全ての要素を引き寄せて結晶し、偉大なる達成を果たすのである。

故に志は真に天の神々が天上にて感嘆絶賛するものでなくてはならない！

有川一三

国際ブレイン・アップデート協会

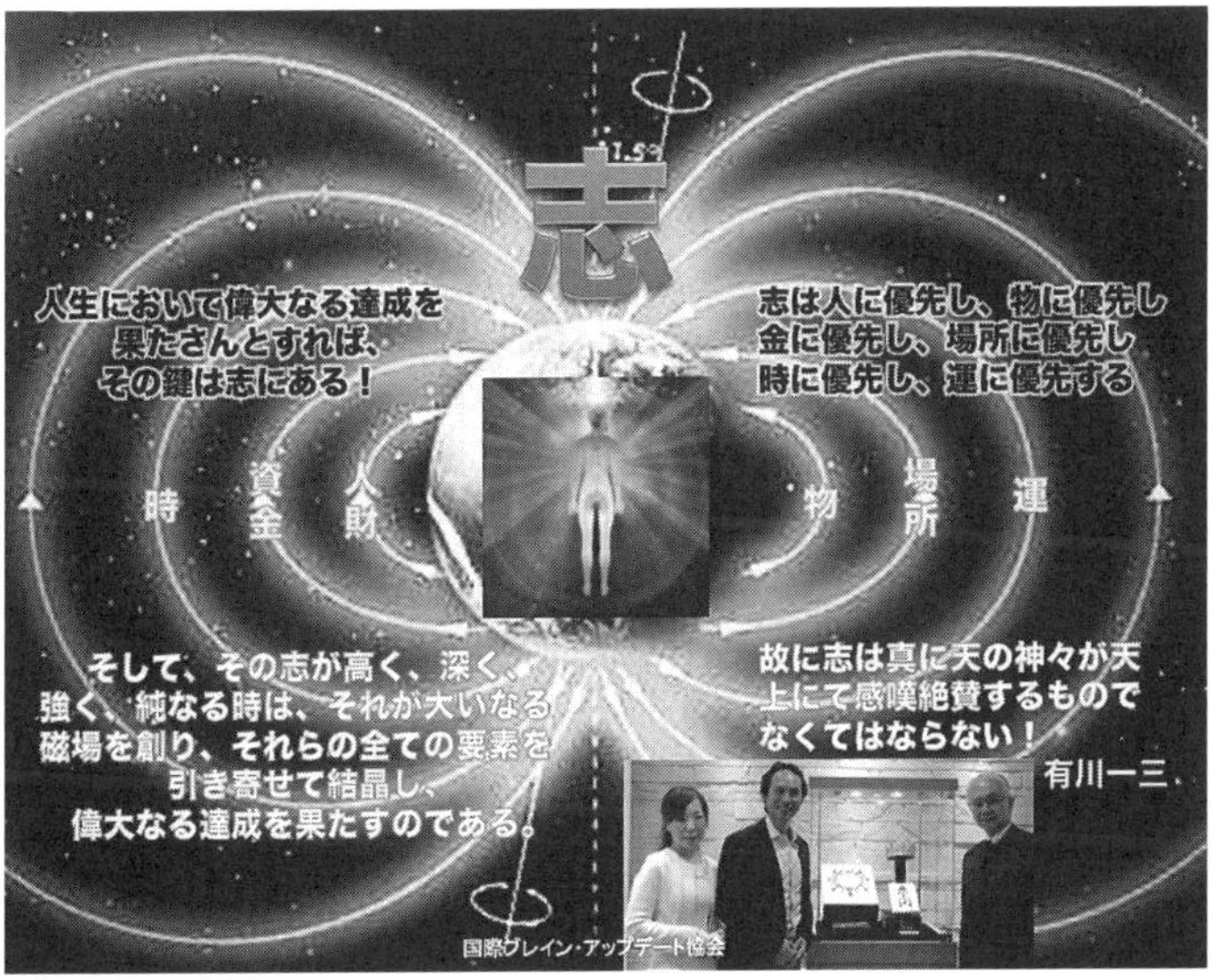

人生において
偉大なる達成を果たさんとすれば、
その鍵は志にある。
志は人に優先し、物に優先し、金に優先し、
場所に優先し、時に優先し、運に優先する。
そして、その志が高く、深く、強く、純なる時は、
それが大いなる磁場を創り、
それらのすべての要素を結晶し、
偉大なる達成を果たすのである。
故に志は、真に天の神々が、
天上にて感嘆絶賛するものでなくてはならない！

## 志と電圧の関係

さて、「オームの法則」の文脈で考えると、**志は電圧**に相当します。

電圧が高ければ高いほど、強いエネルギーが流れ、それによって強力な磁場が生み出さ

れます。同様に、強い志は人生において強い動機付けとなり、志の実現に向けたエネルギーを生み出します。

「志」とは、「十」と「一」を合わせた「心」と書きます。つまりニュートラルで自然な心という意味です。

あなたの中の「ネガティブな面」と「ポジティブな面」を統合した時に、「何の為にネガティブな経験をする必要があったのか？」の答えが見つかります。ですから、一方的にネガティブをなくそうとするのではなく、しっかり向き合って、抱きしめた時に、「単なるプラス思考（ポジティブ・シンキング）」を超えた「志」が見えてきます。

そして**「志」**は**「士（サムライ）」**の**「心」**とも読めます。

『葉隠』に「**武士道と云うは死ぬ事と見付けたり**」という有名な一文がありますが、「志の高さ」とは、個々の肉体を超えた自他の区別のない領域、そして時空を超え、先祖から子孫に至るまでを見通した抽象度の高さで物事を俯瞰して行動することではないかと思います。

私が、前述した有川一三氏に初めてお会いした時に、「有川さんがアンティーク宝石の世界で、第2位をダントツで引き離して、日本人でありながら世界一になれた秘密は何ですか？」とお聞きしたことがあります。

有川氏は答えてくれました。

「その秘密は、私が世界一になると決めたからです！」

「なぜ世界一になると決めたのですか？」

「私は、宝石を単なるアクセサリーとは思っていません。宝石の歴史を辿りますと、ヨーロッパでは、王や僧侶が神とつながる神事に欠かせない役割を持っていたと言われています。私は、そのような文化を取り戻したくて宝石商をしているのです。だからこそ、世界一は最低条件なのです。世界一でなければ、世界一のものは集まってこないからです」

ということでした。

初代の王は、多くの戦いや苦難を乗り越え、王となったことで、臣民が尊敬し、服従するのでしょう。しかし、二代目、三代目と王位が継承されていくに従って、そのような試練を乗り越えることもなく育った場合、王位を継承するには相応しくない人格の場合もあることでしょう。

王という存在は、その王国において、常にニュートラルな高次の視点を持っていることが要求されます。どちらかに偏ったり、家臣よりも低い意識レベルでは、臣民に尊敬されず、偏った側から持て囃されたとしても、反対側からは恨まれ謀反が起きれば、王国そのものが滅ぶことになるからです。

だからこそ、王位継承の儀式の時に王冠や宝珠、王笏《おうしゃく》（君主が持つ装飾された杖）に施された宝石の力によって、神と繋がり、「＋」と「－」を合わせたニュートラルで高い次元の心＝高い志」に目覚めた為に使われていたということです。

有川一三氏自身が、高い志を持って世界一の宝石商になった体験に裏打ちされた言霊がこの言葉には宿っていたのでした。

私は、この言葉に感銘を受けて、この時以来、座右の銘として常に意識するようにしてきたことが今現在に繋がっているのだと感じています。

## 「隠された意図」がある「世の為、人の為」は偽善

「夢」よりも、日本人の持つ「志」の方が精神の電圧が高く、周囲の人も巻き込んでいく

だけの磁場ができることを理解してもらえたと思います。

志を持つ人は、会って話を聞いただけで、感動して応援したくなるものです。

しかし、「口では同じようなことを言っているのだけれど、何か胡散臭い」と感じるような人に出会ったこともあるのではないでしょうか？

両者の違いは何なのでしょうか？　それは「隠された意図」があるかどうかということです。下の図をご覧ください。

**人間成長の第1段階**

**……純粋に自分の為、自己成長の為**

（生まれたての赤ちゃん～小学1年生まで）

①純粋でありのまま、自他の区別がない状態

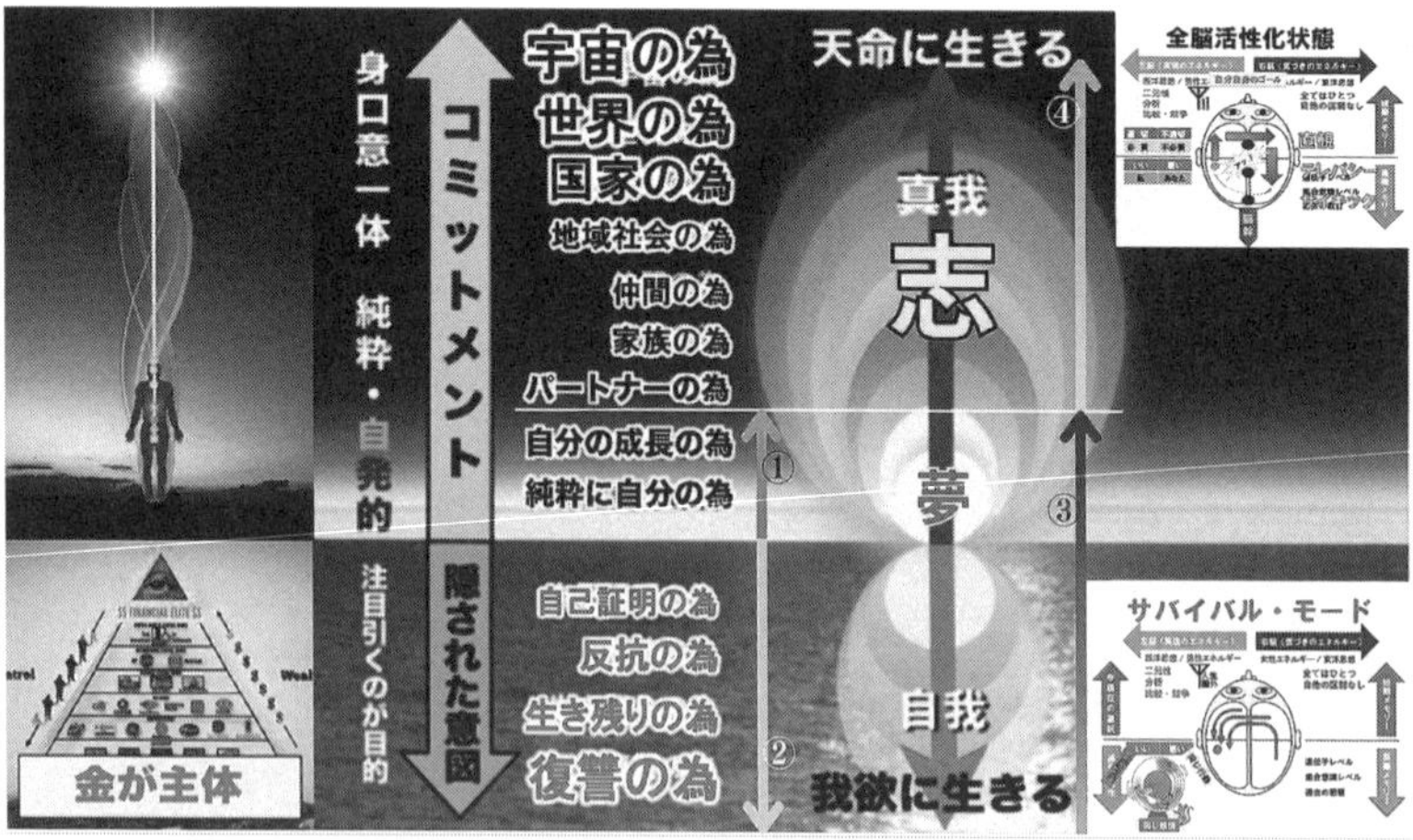

②自発的に好奇心を持って、素直にどんどん成長している状態
子供が無邪気に「夢」を追いかけている状態だと言えます。

**人間成長の第2段階……他者からの注目、承認欲求が動機**
**隠された意図がありながら、表面的には世の為、人の為を装っている**

③自己を証明したい、相手の期待に応えることで褒めて欲しい、認めてもらいたい
④反抗する、だんだん相手の期待がエスカレートしてくると、期待に応えるのが苦しい
そこで、わざと期待外れの行動を取ることで「もう私に期待しないで！」というメッセージを意識レベルで発するようになります。
この段階で、熱を出したり、病気を発症し注目を引くことを学習します。
⑤生き残る為にサバイバルモードで慢性的苦痛に伴う態度を真っしぐらに進む
⑥復讐の為：悪循環のループにハマって抜け出せない状態、慢性的な病気になっている人、金欠

## 人間成長の第3段階
## ……すべては自己証明、復讐の為の自作自演のドラマだったことを認める

⑦純粋でありのままにもどる
隠された意図があったことを言葉で認めることで、「純粋でありのままの自分」に戻ることができます。

⑧自己の成長
自分の中の闇を認め光を認めることが自己成長になることに気づき、進歩に夢中になります。

## 人間成長の第4段階……共同体感覚に目覚め貢献していく

⑨「志」に目覚めた段階
もう、これ以上自己証明をする必要がないことに気づき、純粋に、パートナーの為、家族・地域・社会・世界・人類・宇宙の為に貢献していく段階、身口意一体となった状態です。創造主の視点に限りなく近づいていき、新しい世界の扉が次々と開かれていく段階です。

「ブレイン・アップデート」では、一人ひとりが志を明確にすることで、より良い世界を作っていこうとする磁場が世界人類に広がっていき、人類を新たな意識の次元にシフトさせることができると考えています。

## 自己証明→夢→志　各段階でのパフォーマンスの違いを体感するワーク

精神電圧のレベルによってどれだけパフォーマンスが違うのかを体感してみましょう！

**①現状把握**

同じくらいの体格の人同士で腕相撲をします。

この時はお互いに何も考えずに純粋に筋力勝負でやってみてください。

**②自己証明（復讐）**

負けたほうは、「今に見てろ、今度こそ勝ってやる」と言ってもう一度勝負します。

結果はどうなりましたか？

**③夢（純粋に自分の為）**

負けたほうは、今度は「私は自分の夢を叶える為にこの勝負に勝つ」と言って腕相撲をします。結果はどうなりましたか？

**④夢と志の勝負**

夢「私は自分の夢を叶える為にこの勝負に勝つ」
志「私は自分と家族の為にこの勝負に勝つ」

で勝負してみます。いかがでしたか。

おそらく志のほうが勝ったのではないでしょうか？

**⑤志のレベルの違いでの勝負**

志レベル１：「私は自分と家族の為に勝負に勝つ」
志レベル２：「私は自分と家族と地域の為に勝負に勝つ」
志レベル３：「私は自分の家族と地域と日本の為に勝負に勝つ」
志レベル４：「私は自分の家族と地域と日本と世界の為に勝負に勝つ」
志レベル５：「私は自分の家族と地域と日本と世

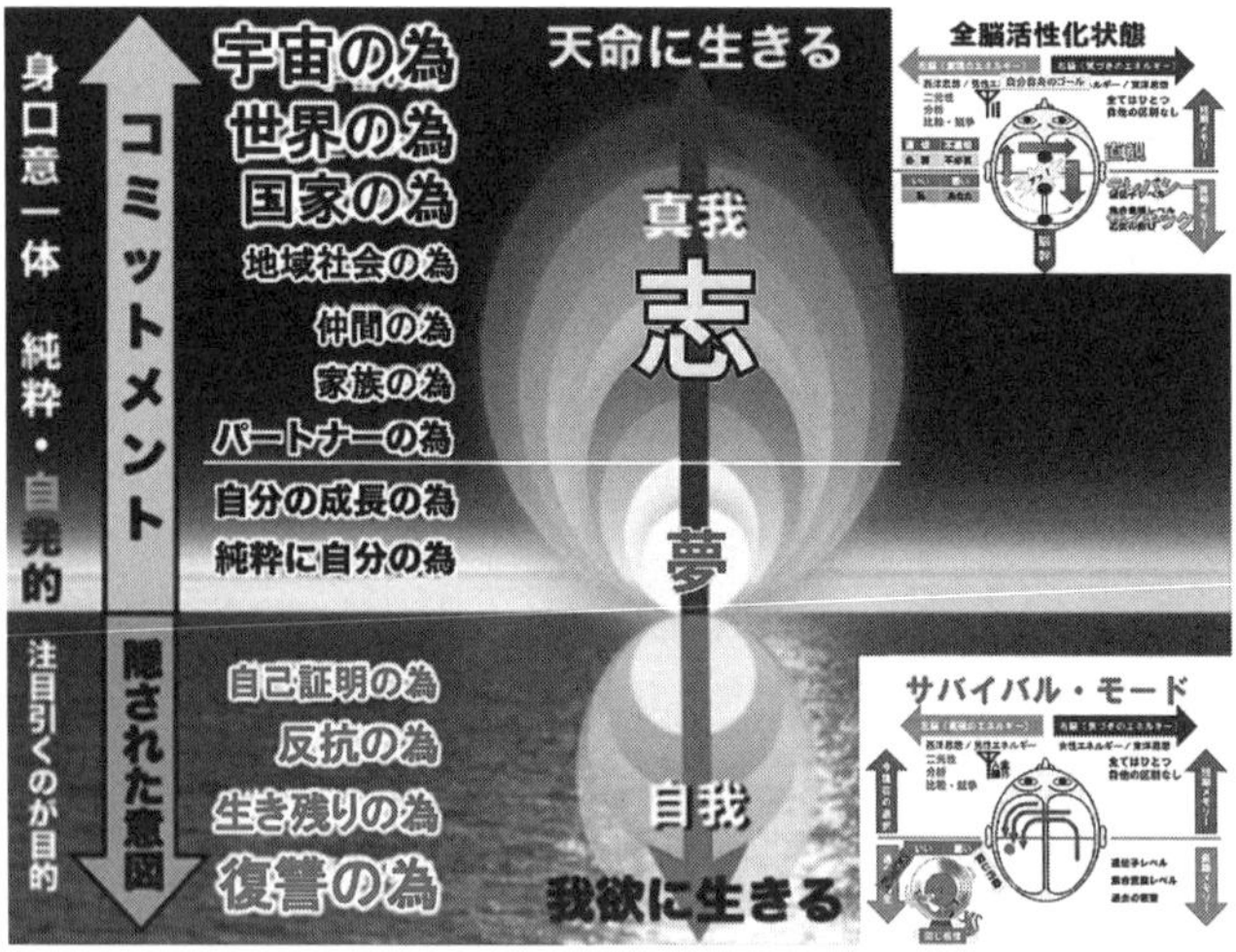

界と宇宙の為に勝負に勝つ」

志のレベルが高ければ高いほど、パワーが湧いてきて、楽々とパフォーマンスが発揮できるのを実感できたことと思います。

**⑥「純粋な志」と「隠された意図」がある場合の違いでの勝負**

純粋な志：「私は自分の家族と地域と日本の為に勝負に勝つ」

## 隠された意図とは何か

「私は自分の家族と地域と日本の為に勝負に勝つことで自分を証明しなければいけない！」

いかがでしょうか。隠された意図を持っているとプ**レッシャーが無駄な抵抗**となって、パフォーマンスが下がったのではないでしょうか？

私たちが「**～ねばならない！**」と言っている時は、「自分自身で選択している」のではなく、「**それしか選択の余地がない**」という思いが前提になっています。

これは「**隠された意図**」が働いている状態であり、その**無駄な抵抗**がプレッシャーとなって、**仕事のパフォーマンス**を落としてしまっているのです。

そうなると、無理して頑張ることになります。それが**ハイパー・エネルギー状態**だと言えます。

この状態は、サイドブレーキを引いたまま、アクセルを全開にしているようなものです。

「無駄な抵抗」が大きすぎて、頑張っている割には成果に結びつかないわけです。

サイドブレーキ
を引いたまま
アクセル全開

第5章

# ストレスの5段階

BRAIN UPDATE

## ハンス・セリエによるストレスの3段階理論

ハンス・セリエは、ストレスの概念を定義したカナダの生理学者です。彼はストレスに対する生体の反応を「適応症候群」と名付け、この過程を三つの段階で説明しました。これらの段階は、身体がストレスにどのように反応して適応するかを示しています。

警告期……この初期段階では、身体はストレスに対応するために準備します。最初は身体の反応性が一時的に低下する「ショック相」になり、その後「反ショック相」となり、ホルモンの働きによってストレスへの適応反応が本格化します。

抵抗期……この段階では、身体はストレッサー（ストレスの原因）とストレス耐性が均衡を保つ安定した状態にあります。エネルギーが必要ですが、ストレッサーが取り除かれるか、環境に適応できれば健康が回復します。

疲憊期……ストレスが長引くと、身体は疲弊し、エネルギーが枯渇します。この段階では、心拍、血圧、体温などの生体反応が低下し、最終的には健康が著しく損なわれる可能性があります。

セリエは、副腎皮質ホルモンの役割を研究し、これらがストレスへの適応反応において重要な役割を果たしていることを明らかにしました。この3段階理論は、ストレスへの理解において基本的な枠組みとなっています。

## 筋肉の反応とストレスの段階

「ブレイン・アップデート」では「セリエのストレスの3段階」をさらに「5段階」に細分化し、各段階での筋肉の反応と心身の状態との関係を説明しています。5段階に分けることで、潜在能力の開発をより体感しやすくなります。

### ①自然体・ニュートラル（ON／OFFが自分で切り替えられる状態）

この段階は、穏やかで落ち着いた感情状態（ニュートラル）を基点として「息を吸ったり、

セリエのストレスの3段階

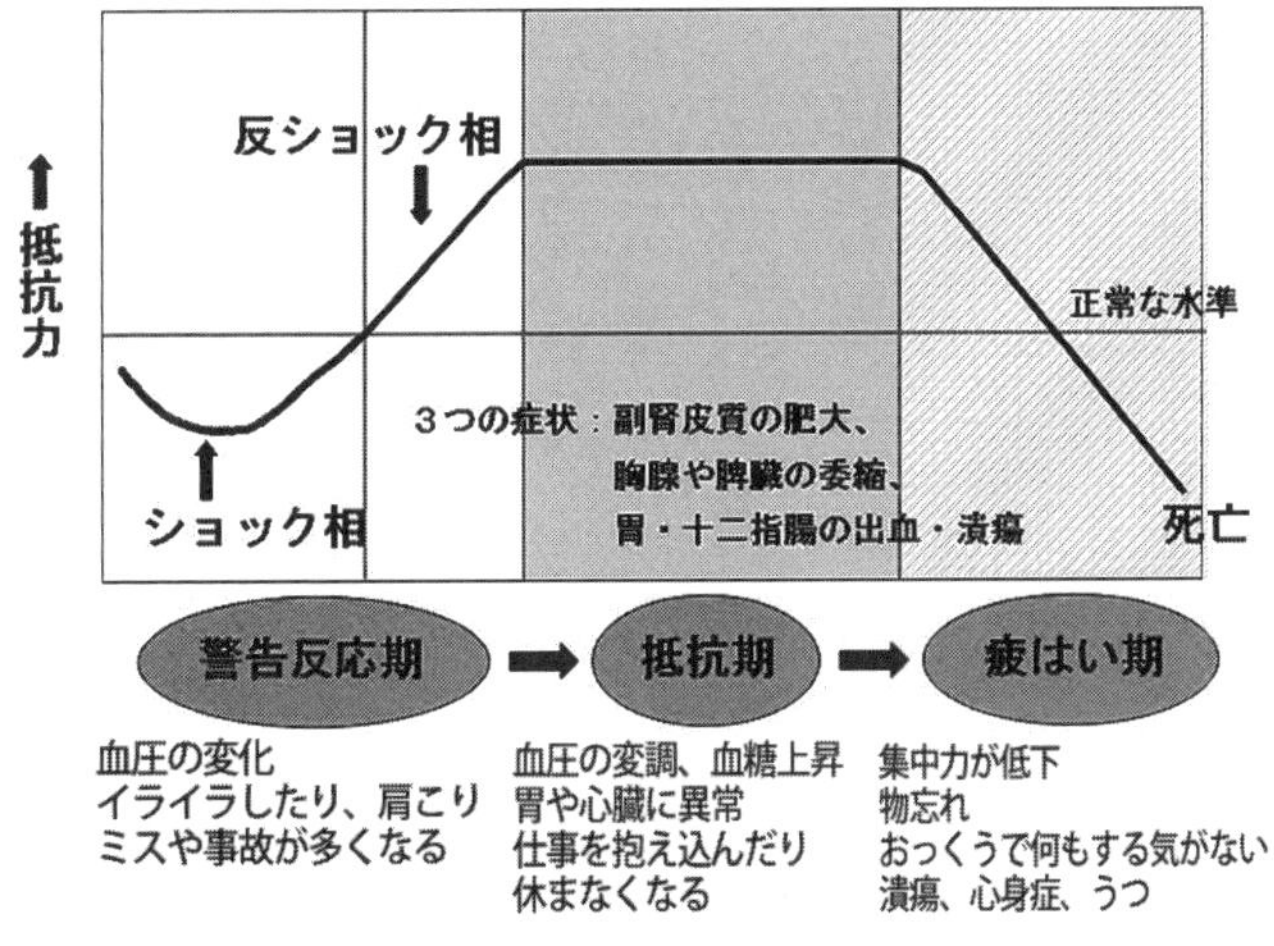

吐いたり」するように、「自分の意見を話したり、人の話を聞いたり」切り替えが自然に出来ている状態だと言えます。

この状態では、相手とも自然なコミュニケーションが取れ、お互いに心地よくバランスの取れたエネルギーの交流が起きています。

電気エネルギーに例えるならば、発電所（高次の自己）から供給される大容量の電気を変圧器（チャクラ）を通して、数段階に分けて変圧し、最終的に家庭用電源として１００ボルトで安定供給されています。

この状態は、無邪気で元気な子供たちが体験する状態に似ています。子供たちは尽きることのないエネルギーを持っており、いつも活発で疲れを知らない状態にあります。

**②アンダーエネルギー（スイッチＯＦＦの状態）**

それまで会話が楽しく弾んでいたところから、聞き役でいることが長くなってきて、徐々につまらなくなってきている段階。この違和感を感じている時、筋肉反射テストをすると弱く反応します。ここで切り替えて自分

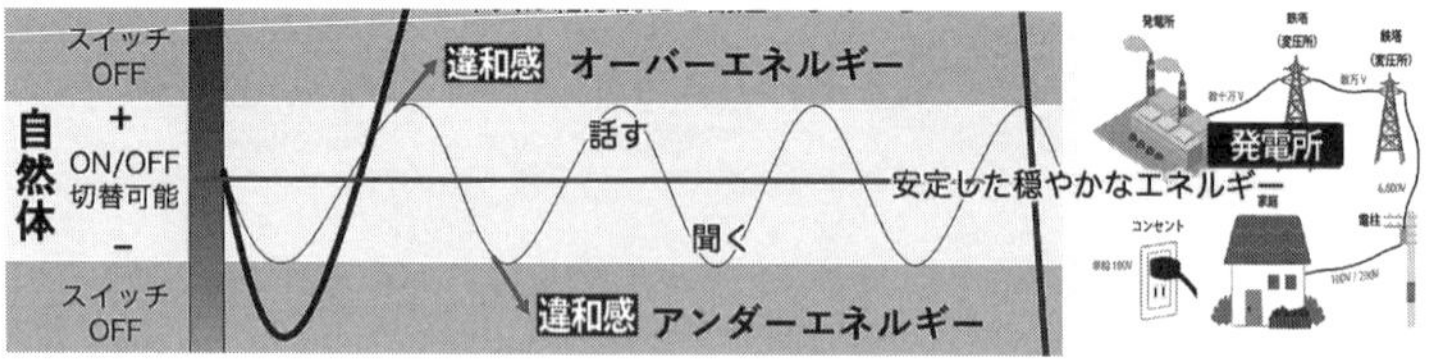

も話し始めればバランスが回復され自然体に戻っていくことができます。

**③オーバーエネルギー（スイッチＯＦＦの状態）**

この段階は、話し始めていくうちに、だんだん興奮して「話し過ぎかも」と気づき始めた状態です。この違和感を感じた時に筋肉反射テストをすれば、力が入らない状態になっています。ここで話をやめて聞き役に切り替えれば、ニュートラルに戻れるのですが、ここでそのサインを見落として話し続けると、次の段階に移行します。

**④ハイパーエネルギー（スイッチＯＮのままＯＦＦにできない状態）**

緊急用自家発電に切り替え、自分の燃料タンク（アドレナリン）を消費している状態で、さらに興奮して夢中

ハイパーエネルギー
通常の筋肉反射テストでは
針が振り切れて計測できない（無感覚/麻痺状態）
サバイバル・モード
筋肉が緊張状態
で感覚麻痺
電極
電極
ブレイン・アップデート
ZERO化メソッド
を使えば、瞬時に切り替えて
平常心を取り戻すことができる
（リラックスしスコトーマが外れる）
瞬時に平常心を
取り戻す
電極
電極
©2024 BRAIN UPDATE Shinji Tanaka

になり、話が止まらなくなっています。

　アドレナリンが過剰になり、興奮した状態が心地良くなります。周りは引き始めているにも関わらず、本人は全く気づかず、さらに興奮して話し続けてしまいます。この状態では、刺激物を欲し、お酒、激辛なもの、ジャンクフード、エナジードリンク、甘い物、ドラッグなどを好むようになります。

**⑤強制シャットダウン**

　自分の燃料タンク（アドレナリン）を消費し切ってブレーカーがとび、強制シャットダウンされた状態（燃え尽き症候群）。この時、脳梗塞、がん、糖尿病などの生活習慣病で倒れることが多くあります。

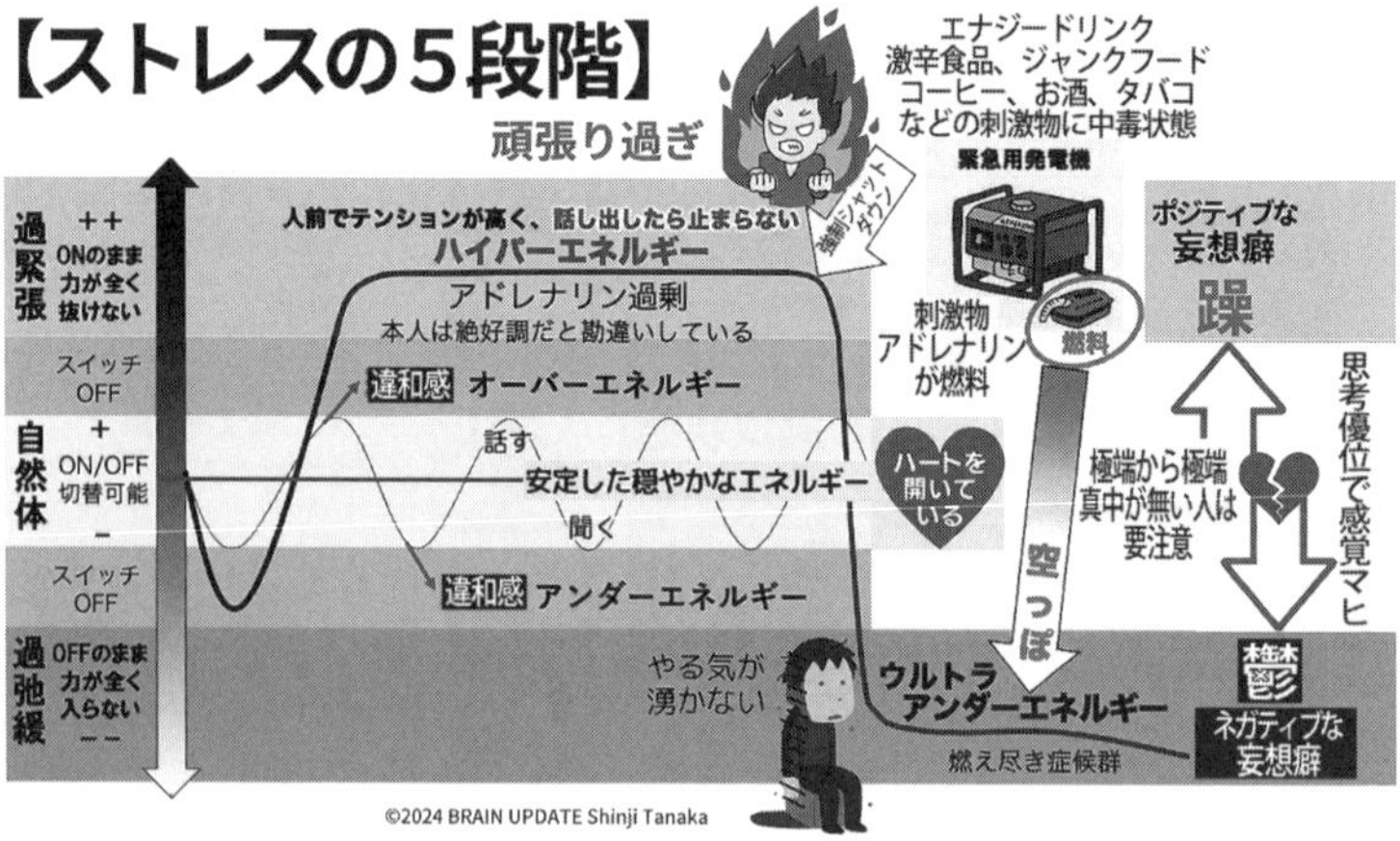

### ⑥ウルトラ・アンダーエネルギー（スイッチＯＦＦのままＯＮにできない状態）

完全にエネルギーが枯渇し、何もやる気がでない、うつ状態。

「うつの人に『頑張ってね！』と言ってはいけない」と聞いたことがあるのではないでしょうか？　それは、このように「頑張り過ぎてうつになっている」からなんですね。

また、それ以外の病気で倒れた人も、「早く元気になって仕事に復帰しなければ！」と思っている間は、良くなりません。こんな時だからこそ、自分の人生を見つめ直して、「本当に大切なことは何なのか？」と自問自答し、人生の軌道修正をすることが求められているわけです。

## 現代ビジネスマンの典型と健康への影響

「24時間戦えますか！　ジャパニーズ・ビジネスマン」のスローガンは、④ハイパーエネルギー状態の典型的な例です。長時間労働と高ストレス環境で無理して頑張った挙げ句に燃え尽きて、うつ、脳梗塞、がん、糖尿病などの生活習慣病を引き起こします。

現代人のほとんどの人は、このハイパーエネルギー状態を絶好調だと勘違いしています。その挙げ句に、⑥ウルトラ・アンダーエネルギー状態に急降下します。そして、またハイパーエネルギー状態を目指します。極端から極端の間を行ったり来たりするだけで真ん中がない状態だと言えます。

なぜこのように極端から極端に振り切ってしまうのでしょうか？

それは、「ニュートラルな自然体こそが、最もパワフルである」ということを頭で知っていたとしても、実際に体験を通して腑に落としている人・体感している人がほとんどいないからではないでしょうか？

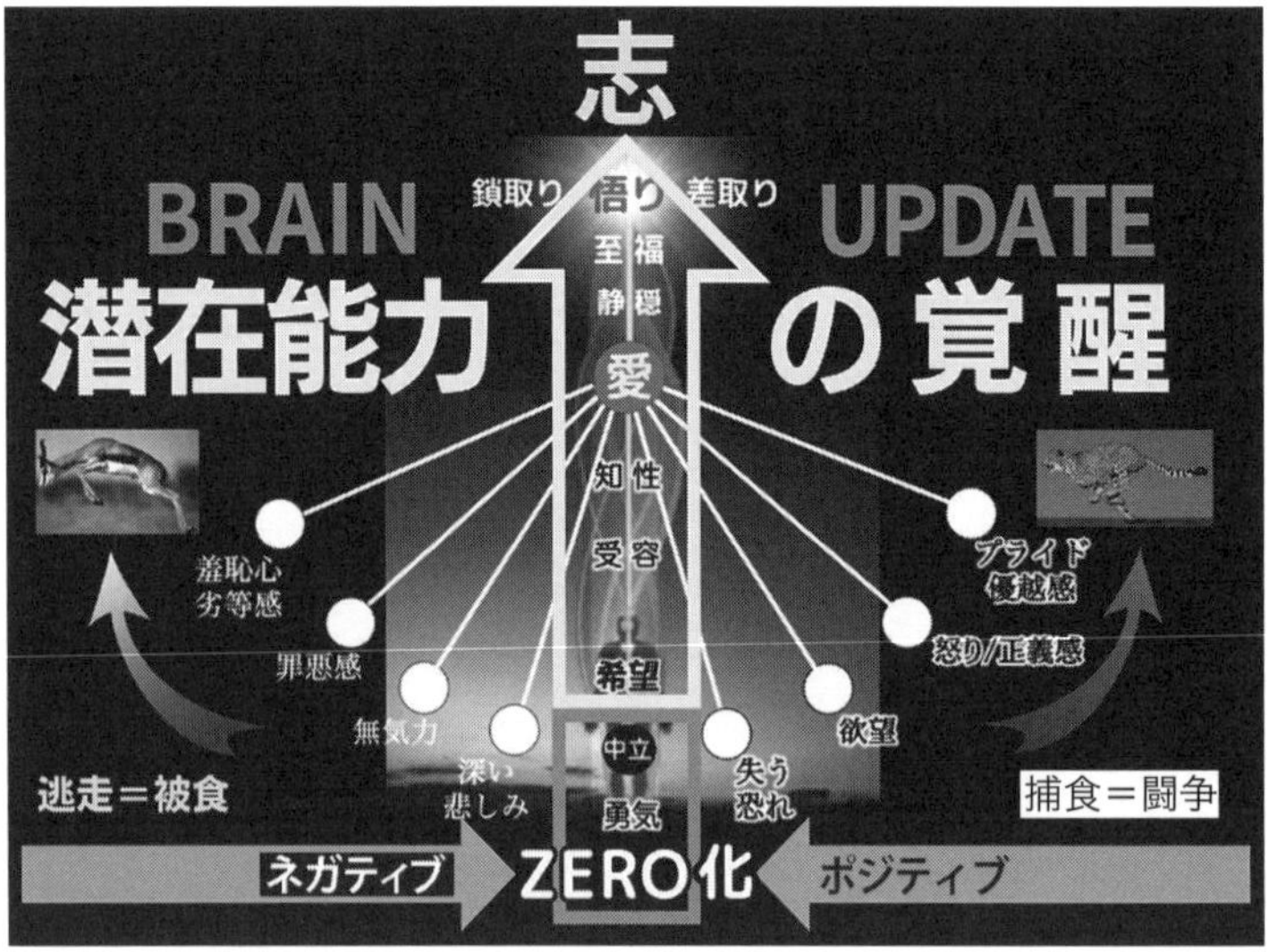

## ニュートラルな自然体こそがパワフル

一昔前に世界中で「ポジティブ思考」が大ブームとなりました。「ネガティブはいけない！　いつもニコニコ笑っていましょう！」「ワクワクすることをやりましょう！」

そして、『ザ・シークレット（引き寄せの法則）』という本が大流行しました。

しかし、「ポジティブ思考」に偏ることは、「アドレナリン過剰のハイパーエネルギー状態」を絶好調だと勘違いした状態だと言えます。そして、強制シャットダウンが起きます。

ポジティブに振れた振り子が、反対のネガティブな方向に振り戻されます。

「ネガティブな感情」も「ポジティブな感情」もどちらも丸ごと受け入れてZERO化し、ニュートラルな自然体になることで、感情の振り子が止まります。そして、内側から天に向かって突き上げるように、潜在能力が覚醒化されます。これによって最小の力で最大のパフォーマンスを発揮できるようになるのです。

試練（ネガティブ）と支援（サポート）は常にエネルギーの総量としてはバランスが取れています。しかし、意識がネガティブ（問題や症状）に偏っている時には、同じだけのポジティブ（支援・サポート・恩恵）があることがスコトーマ（認識の盲点）となってしまいます。反対にポジティブに偏っている時には、ネガティブ（リスク・反対勢力の影響など）がスコトーマとなっているのです。

だからこそ、ポジティブとネガティブを統合し、ＺＥＲＯ化することが大切になります。

高い志を持って、最大の試練にチャレンジした時に、最大のサポートが起き、フローに乗ることができるのです。

とはいえ、興奮してハイパーエネルギーになっている時に平常心を取り戻すことは、至難の業です。しかし、ＺＥＲＯ化メソッドを知っていれば、瞬時に平常心を取り戻すことができるのです。

ＺＥＲＯ化メソッドは、「脳の合気道」とも言える技であり、感情的なものであれ、物理的な肉体レベルのものであれ、対立したエネルギーを瞬時に中和させることができます。

しかも、普通なら何十年も修行をしなければマスターできないような高度な技を、小学生でも簡単に習得できるようになるのです。

下記のＱＲコードより動画をご覧ください。

第6章

# 認識の盲点（スコトーマ）

BRAIN UPDATE

## 人は世界をどう見ているのか

多くの人が気づいていませんが、人間がこの世界をどう認識するかは、個人の内なる信念や思い込みに大きく依存しています。

私たちは、意識的にも無意識的にも、自分にとって重要だと思うもの、つまり、自分が「見たい」と思うものを選んで見ているのです。この選択の背景には、過去の経験や教育、社会的な条件付けから形成された「思い込みのストーリー」があります。

この「思い込みのストーリー」は、私たちがどの情報を受け入れ、どの情報を無視するかを決定するフィルターの役割を果たします。

例えば、「**成功は努力の結果だ**」という信念を持っている人は、成功のための努力や機会を探求する傾向があります。

一方で、「**運命や運が人生の結果を決定する**」と信じている人は、努力よりも偶然の機会を待つかもしれません。

したがって、自分が世界をどのように見るかは、自分の内側に構築されたストーリーによって形成されます。これが「**スコトーマ**」、つまり「**認識の盲点**」と言われるものです。

「スコトーマ」とは、私たちの認識の限界を示し、私たちが見落としている、または完全に無視している情報を指します。

自分の「思い込みのストーリー」を変えない限り、見える世界も変わらないのです。これは、私たちが現実をどのように解釈し、反応するかに直接影響を及ぼします。

ですから、新しい視点を受け入れ、自分の信念を再評価することで、私たちは自分のスコトーマを克服し、より豊かで多様な世界を体験することが可能になります。これは、成長と自己発見の旅の始まりを意味します。

私たちが持っているスコトーマ（認識の盲点）に気づく為の実験をしましょう！

**【実験】**

下の図の「Aのマス」と「Bのマス」は、どちらの色が濃く見えますか？

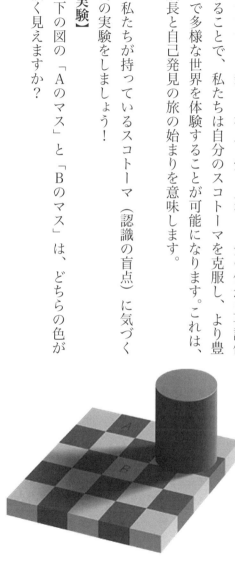

## 答え：実は同じでした。

いかがですか？

まさか、「Aのマス」と「Bのマス」が全く同じ色だったことには、ビックリしたのではないでしょうか？

では、なぜこのようなことが起きるのでしょうか？

それは、「白」と「グレー」の市松模様だから、「Aはグレーで、Bは白のはず」という思い込み・期待が働き、錯覚や誤解を生み出したのです。

このように、**私たちは外部からの情報をそのまま受け取るのではなく、経験や知識に基づいて解釈し、理解しているのです。つまり、あなたの「思い込みのストーリー」によって真実を歪めて見ているということが、この実験でも実証されたわけです。**

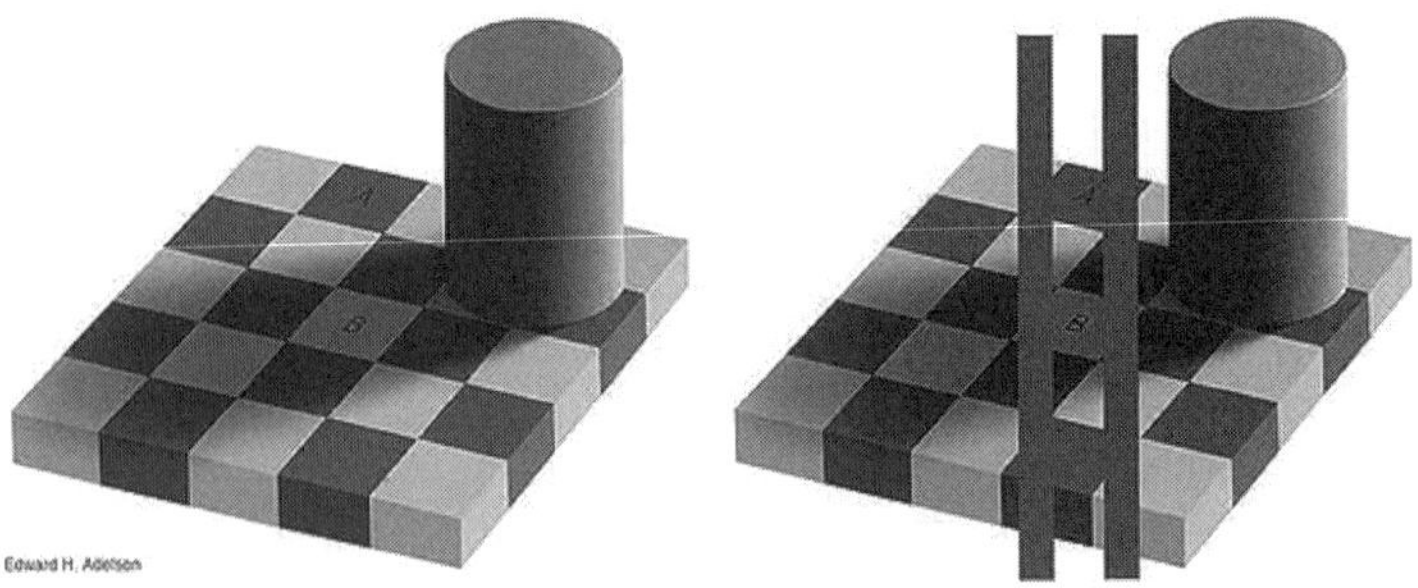


Edward H. Adelson

## スコトーマ（認識の盲点）とは

スコトーマ、すなわち「認識の盲点」とは、元来眼科の用語であり、眼の構造上避けられない見えない部分を指します。この概念は心理学において、「見えるはずなのに認識できていないポイント」として取り入れられました。私たちは五感を通じて日々大量の情報を受け取りますが、これらすべてを処理することは不可能です。そのため、情報を選別し、必要なものだけを取り込むフィルタリングが行われます。このフィルタリングの過程で見落とされる情報が「スコトーマ」です。この「スコトーマ」という概念は、私たちが日々の生活の中で何を見て、何を見落としているかを理解するための鍵ともなります。

私たちの認識は、経験や知識によって形成されたフィルターを通して現実を解釈しています。このフィルターは、私たちが情報を取捨選択し、環境を理解するのを助けますが、同時に私たちの視野を狭めることもあります。

「スコトーマ」に気づくことは、自己発見と成長の過程で非常に重要です。なぜなら、私たちが気づかないこと、見落としていることにこそ、新たな発見や学びの可能性が潜んでいるからです。

## 善悪二元論はスコトーマをつくる

善悪の二元論は、スコトーマを生み出す典型的な例です。

この思考パターンは「自分は正しい」「相手の方が間違っている」といった極端な判断を促し、より複雑で多面的な現実を見落とす原因となります。

症状と病名とクスリの関係にもスコトーマがあるとしたら、どうでしょうか。

ある症状に対して特定の病名を付けることも、スコトーマの一例になり得ます。これは症状や病気を単一の視点からしか見ていないことを意味します。

実際には、その症状が複数の要因によって引き起こされている可能性があり、早急で単純な病名の付与は、その他の重要な要因を見落とすことに繋がります。

天才性を発揮
最高価値
スコトーマが外れはっきり見える・気づける
自分を律し自発的に行動、我を忘れて夢中になる
価値観の優先順位
多くの男性が価値を感じる上位3つ
仕事・キャリア
知性・学習
資産構築
人間関係
健康・美容
家庭・家族
多くの女性が価値を感じる上位3つ
自分の価値観を押し付けると喧嘩になる
補完し合っていたことに気づけば仲直り
©2024 BRAIN UPDATE Shinji Tanaka
最低価値
お馬鹿さん
言われないと動かない、先延ばしにする、怠惰
スコトーマされ見えない・気づかない

病名とクスリの関係もスコトーマに陥ることがあります。

つまり、「病名と薬の関係性」という考え方もスコトーマの一種なのです。

この視点では、病気を治すためには薬が必要であるという前提に基づいていますが、これもまた一面的な考え方で、実際には、ライフスタイルの変更、栄養療法、心理療法など、薬以外の方法で症状を改善することも可能です。

このように、善悪の二元論や、病名と薬の関係性のような固定観念は、私たちがより広い視野を持って物事を捉えることを妨げ、重要な情報や選択肢を見落とす原因となります。

そのため、これらの盲点を認識し、多様な視点から物事を見ることが重要なのです。

## ダイアログ・イン・ザ・ダーク

「ダイアログ・イン・ザ・ダーク（Dialog in the Dark）」について知っていますか？

「健常者と障害者」は誰が決めるのでしょう？　もしあなたが生まれつき目が見えなかったとしたら、そして周りの人も目が見えなかったとしたら、目が見えないことが障害だと思うでしょうか？　という発想から生まれた実験的試みです。

この革新的なコンセプトは、１９８８年にドイツ人のアンドレアス・ハイネッケ博士によって発案されました。

このプロジェクトの主な目的は、視覚障害を持つ人々の世界を理解し、視覚障害者と視覚に頼る人々の間の対話を促進することです。「ダイアログ・イン・ザ・ダーク」では、参加者が完全な暗闇の中でさまざまな状況を体験します。

この体験は、視覚に頼らずに他の感覚を利用して環境を認識することを促し、日常生活における視覚障害者の経験についての理解を深めることを目的としています。

展示は通常、視覚障害を持つガイドによって案内され、参加者は暗闇の中で移動し、日常的な活動を行いながら、視覚以外の感覚に頼ることを学びます。

実際に、私も体験しました。白杖を持って暗闇の世界に入り、「闇のエキスパート（通常では視覚障害者と呼ばれている人）」の方に誘導してもらいながら、鬼ごっこをしたり、ブランコに乗ったり、カフェで点字のメニューから飲み物を選んで注文し、それを飲んで、お会計をし、お釣りもきちんともらいます。

私は、この体験を通し、暗闇の世界では、「視覚障害者」と呼ばれていた人たちが健常者であり、これまで健常者だと思っていた私たちの方が「視覚依存障害者」ということがよく理解でき、持っていたスコトーマの一つが解消されました。

「ダイアログ・イン・ザ・ダーク」は、障害に対する認識を変え、異なる能力や障害を持つ人々間の共感と理解を促進するための有効なツールとして、世界中で広く認識されています。このプロジェクトは、視覚障害者に対する偏見や誤解を減らし、より包括的で寛容な社会を作ることに貢献しているとされています。

## スコトーマに気づくために

例えば、新しい趣味に挑戦することで、今まで気づかなかった自分の興味や才能を発見することができます。また、異なる文化や考え方に触れることで、自分の世界観を広げ、より包括的な理解を得ることが可能です。私たちは日常生活で無意識に多くの情報をスクリーニングしています。しかし、「スコトーマ」に気づき、それを探求することで、私たち自身の認識の限界を超え、より豊かな経験と理解を得ることができるのです。まさに、自己の可能性を広げるための探索の旅と言えるでしょう。

## 料理の世界でのスコトーマ

料理を例に考えると、初心者と料理熟練者では注目するポイントには顕著な違いがあります。初心者は単純にレシピの手順を追い、材料を混ぜることに集中するかもしれません。しかし、熟練した料理人は、食材の質や新鮮さ、切り方、調理のタイミング、温度管理、盛り付けの美しさなど、さまざまな要素に細心の注意を払います。

例えば、同じオムレツを作る場面を想像してみましょう。初心者は、卵を割り、混ぜ、フライパンで焼く基本的な手順に集中するでしょう。一方で、経験豊かな料理人は、卵の泡立て具合、バターの量、フライパンの温度、オムレツをふっくらと仕上げる技術など、細かい部分に目を向けます。これらの要素は初心者にはなかなか気づかれない「スコトーマ」となっています。

このように、料理のスキルが向上するにつれて、着目する詳細が変わってきます。レシピをただ追うだけでなく、食材の扱い方や調理法の微妙なニュアンスを理解し、料理全体の質を高めることができます。

「スコトーマ」は私たちが普段意識していない、見落としている情報や技術のことも指します。料理においては、学習や経験を通じてこれらの「スコトーマ」に気づき、より洗練された料理を作るための洞察を深めることができます。料理の旅では、新しい「宝箱」を見つけるような喜びを味わいながら、スキルの向上を目指すべきなのです。

## 「ブレイン・アップデート」のセッションは宝探しの旅

この気づきは、「ブレイン・アップデート」のセッションそのものです。

私は、受講生に「ブレイン・アップデートのセッションは、問題発見ではありません。クライアントさんと一緒に『宝探し』の旅に出るんですよ。だから、セッションの最初から最後までワクワクしながら、新しい発見の連続に喜び、ワクワクが積み上がっていくようなセッションをすることが大切ですよ！」ということをいつも伝えています。

ですから、今この本を読んでいるあなたも、ページをめくるごとに、新しい発見の連続にワクワクしていただけたら、著者として嬉しい限りです。

## スコトーマをつくる要因

スコトーマ（認識の盲点）の生成要因には、見る人の**価値の優先順位**があります。

その中でも、主に二つの要素が挙げられます。これらの要因を理解し、対策を講じることで、私たちは自身の認知の範囲を広げることができます。

**①知識の不足**

知識が不足していることは、スコトーマの一因です。これは「**熟練者と初心者**」の例で明らかです。感覚器官は情報を捉えていても、その**情報の重要性や必要性**がわからなければ、結果として見落としてしまうのです。問題が解決できなかったり、パフォーマンスが向上しなかったりする背後には、このようなスコトーマが隠れている可能性があります。

**②興味・関心の欠如**

興味がない、または重要でないと感じている情報は、容易に見過ごされます。情報を選択し、**優先順位をつけるプロセス**は、認知的な負担を軽減するために必要です。

しかし、このフィルタリング・プロセスは完璧ではありません。重要な情報を見逃している可能性があります。

例えば、**ニュートンは、リンゴが木から落ちるのを見て万有引力を発見**しました。また

**アルキメデスは、お風呂に入った時に、自分の体の体積分のお湯がバスタブから溢れる現象からアルキメデスの原理をひらめきました。**

これと同じように、起業家や発明家が新たなアイデアを生み出すきっかけとなる情報は、私たちも日常的に触れているものなのかもしれません。

スコトーマを理解し、それを克服することは、見方を変え、新たな発見をするための重要なステップなのです。知識を深め、興味の範囲を広げることで、見過ごしていた情報や機会を発見し、より豊かな認識の世界を手に入れることができます。

## 成功している経営者ほどスコトーマがある

これは、先程の「**熟練者と初心者**」の例と矛盾すると感じるかもしれませんが、「**逆もまた真なり**」で、熟練して成功に慣れてしまった人々が自分自身の弱点や改善点に気づきにくくなる傾向を指します。

経営者や社長のような立場の人々は、日常的に重要な判断を下していますが、成功体験が繰り返されることで、「このやり方が正しい」という固定観念が形成され、新たな視点やアプローチを取り入れる機会を逃してしまうのです。

室町時代に活躍した能楽師であり、能役者、作家、そして観世流の結崎座の経営トップとしても知られる世阿弥は、能楽の世界における重要な人物として有名です。

世阿弥の父、観阿弥によって始められた観世流の基礎を築き、今日に至る多くの能作品が世阿弥によって生み出され、または手が加えられたことから、彼の影響なくして現代の能楽を語ることはできません。

世阿弥の著作『花鏡』には「**初心忘るべからず**」という言葉が記されています。

現代においてこの言葉は、物事を始めた当初の心持ちを大切にし続けるべきだという意味として広く受け取られています。しかし、『花鏡』におけるその意味は、もっと深いものです。「未熟だった時期の技も大切にし、その時々の年齢に相応しい技に挑む際の初心者としての未熟さも忘れてはならない」という、絶えず自己を省み、成長し続けることの重要性を説いています。

これは、老年期においても新たに挑む芸術や技には初心が存在し、年齢を重ねたからと言って成長が止まるわけではない、という考えを示しています。つまり、人生のどの段階においても、自らの心の在り方を意識し、成長し続けることの大切さを説くものです。

私は「ブレイン・アップデート」のセミナーをこの世阿弥の教えを胸に、毎回新鮮な気持ちで臨んでいます。受講生一人ひとりの持つ独自のエネルギーがセミナーを通じて互いに影響を与え合い、これにより同じカリキュラムであっても常に進化し続けるのです。

33年以上の経験を積み重ねてもなお、毎回のセミナーは新しい発見に満ちています。これこそが、常に初心を忘れず、自己の成長と進化を追求し続けることの本質であり、「ブレイン・アップデート」の哲学の核心です。

そして、その秘密も、メインスイッチ「任脈：今ここで選択する」「督脈：常に進歩発展向上する」を受講生と共に最優先で入れることにあるのです。

## 「離見《りけん》の見《けん》」

同じく世阿弥の花鏡に登場する「離見の見」も、経営者がスコトーマを外す上で大切な洞察を与えてくれます。

世阿弥が伝える「見る」についての深い考察は、能舞台上の演者の立場から洞察されたものです。舞台上では、演者は360度全方位から観客や同僚に見られていますが、自身の姿を直接見ることはできません。とくに、能面をつけることにより、自分の視界も限られてしまいます。しかし、そうした制約の中でも、どの角度から見ても完璧な姿勢、美しい彫刻のような美を追求することで、自分自身を客観的に捉え、常にその美を維持しようと努めています。

この考え方は、私たち自身の生き方にも大きく関わってきます。普段、私たちは自己の姿を直接目で見ることはできませんが、客観的な視点を持つことは自分自身を理解し、成長させる上で重要です。

脳神経科学で言う「**メタ認知**」は、このような客観的な視点から自己を観察し、認識する能力を意味します。メタ認知の「**メタ**」**には、**「**高次の**」**という意味**があります。従って**自分が**「**認知している**」**こと、例えば記憶や思考、学習したことなどを、**「**高次**（＝**メタ**）**視点から認知しよう**」というのが「メタ認知」の直接的な意味になります。完全な客観性を持つことは困難ですが、そのように努めること自体が、自己成長に繋がり、周囲とのより良い関係を築くためには不可欠です。

世阿弥の言葉は、600年以上もの時を超えて現代に生きる私たちにも、自己認識や人間関係、個人の成長について深く考えさせられる示唆を与えてくれます。能の訓練が持つ、見ることの哲学は、能楽を学ぶ者だけでなく、すべての人にとって貴重な学びの源泉となり得ます。

## 「ピーターの法則」

熟練するほどスコトーマができる例として「ピーターの法則」があります。

「ピーターの法則」とは、南カリフォルニア大学教授で教育学者でもあったローレンス・J・ピーターと、レイモンド・ハルの共著である『ピーターの法則　創造的無能のすすめ』の中で提唱されたものです。

・人は自己能力の限界まで出世する
・無能な人はそのポジションに留まり、有能な人は限界まで出世するがそのポジションで無能化する
・組織の中では、まだ限界に達していない人たちによって進められ、機能していく

という衝撃的な内容のこと。会社など組織を構成するメンバーの労働に関する社会学の法則の一つです。

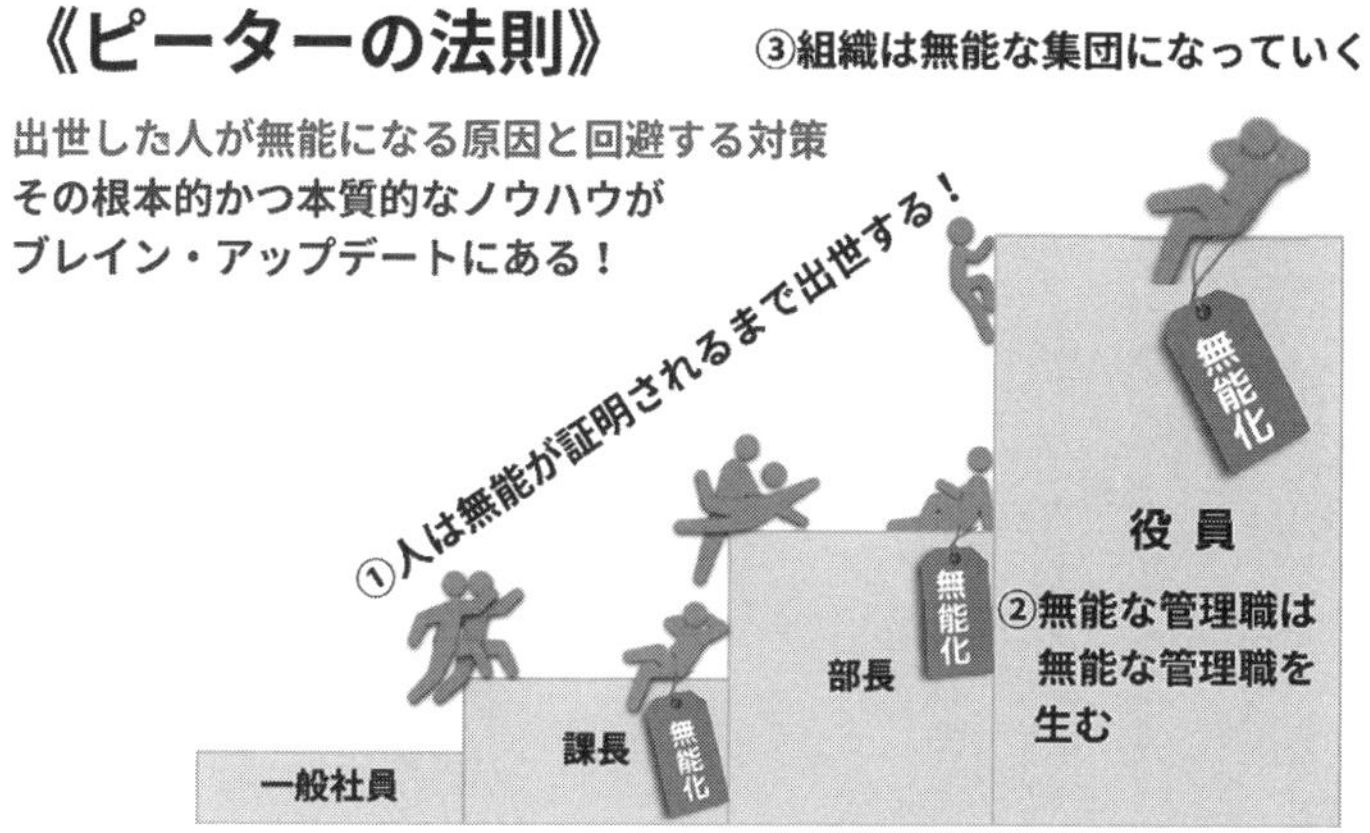
《ピーターの法則》
③組織は無能な集団になっていく
出世した人が無能になる原因と回避する対策
その根本的かつ本質的なノウハウが
ブレイン・アップデートにある！
①人は無能が証明されるまで出世する！
無能化
役員
無能化
②無能な管理職は
無能な管理職を
生む
部長
課長
無能化
一般社員

この問題は、人材が適切に評価されず、主観的な判断によって無能な人物が昇進するシステムの欠陥に起因します。

結果として、無能な管理職はさらに無能な社員を生み出し、組織全体のパフォーマンスが低下していくわけです。

この視点で見た時、あなたの会社はどうですか？　そして日本の政府、国会議員、地方自治体の組織はどうでしょうか？

## 「ピーターの法則」を回避する三つの解決方法

では、「ピーターの法則」を回避する為にはどうしたら良いのでしょうか？

**①昇進させずに昇給を行う**

現職で高いパフォーマンスを示しているメンバーは、その役職に留めつつも報酬を増やすことで、モチベーションの維持や向上を図ります。これにより、メンバーが自分の得意分野で専念できる環境を提供しつつ、組織内での無能化の進行を遅らせることができます。

**②昇進前に十分な訓練を施す**

昇進を予定しているメンバーに対して、新たな職務に必要なスキルや知識を身につけるための訓練を事前に実施します。これにより、昇進後に求められる水準に達しない人材を事前に特定し、適切な位置に配置することが可能になります。

**③昇進後に無能と判断された場合は降格を検討する**

昇進後に期待されるパフォーマンスを発揮できない場合は、一度降格させることを考えます。これは、メンバー自身のストレスを減らし、組織全体のパフォーマンスを向上させるための措置です。降格はネガティブな措置と捉えられがちですが、本人に適した役職で能力を発揮させることが最終的には本人と組織双方に利益をもたらします。

**④リスキリング（新たなスキルを身につけさせる）**

「リスキリング」とは、新しい職業に就くために、必要なスキルを獲得することです。あるいは、今と同じ職業であっても、業務内容が大きく変化する際に、変化に対応するためのスキルを獲得することも「リスキリング」と呼ばれます。

「リスキリング」が注目を集めている背景には「技術的失業」が社会的な課題になっている状況があります。技術の進化により、人間が行っていた仕事を機械が担うようになった結果、雇用が失われることです。

最近はデジタルテクノロジーの急速な発展により、新たな仕事や雇用（需要）は増加しているのに、必要なスキルを持つ労働者（供給）が足りないことも技術的失業と言われています。

こうした「デジタル時代に必要とされるスキル」と「労働者が現在保有しているスキル」の間に生じるスキルギャップを埋めるための方策として「リスキリング」が求められています。

多くの企業でこれまでに行われてきた人材育成の方法は、リスキリングと言うより、スキルアップ」と呼ぶほうがふさわしい内容が主流でした。

山登りに例えると、「スキルアップ」は登っている山の頂上を目指して、上へ上へと登って行くためのスキル向上です。しかし「リスキリング」は、今いる山を下りて別の山に登ったり、川を渡ったり、海を泳いだりするための新たなスキルを身につけるようなプロセスです。

これらの方法を通じて、組織内での個々人の能力に合った役割を見つけ、適切な評価と報酬を提供することが重要です。また、個々のメンバーが自己成長を継続し、新たな挑戦に積極的に取り組む姿勢を育むことも、ピーターの法則を回避する上で不可欠です。

とはいえ、実際にどれだけできているのでしょうか。

もしあなた自身が今まで慣れ親しんだ仕事を外され、突然「リスキリング研修」に放り込まれたとしたらどうですか。全く専門外のスキルをマスターするような業務命令が下り、さもなくばクビになるとしたらどれほどのストレスになることでしょうか。

しかし、安心してください。

「ブレイン・アップデート」を研修の中に導入すれば潜在能力を覚醒させ、「リスキリング」をスムーズに行うことができるのです。

なぜ、そのようなことが断言できるのでしょうか。

## 「ピーターの法則」にハマり、無能状態から脱出できた体験

私自身も、キネシオロジーに出会って8年間は、乾いたスポンジに水が吸い込まれるように成長していった実感があります。ところが、39歳で結婚したあたりから無能化していきました。

人に偉そうなことを言っていながら、「自分自身の私生活では出来ていない」。そのこと

をパートナーから指摘されながらも素直に受け取れない。そんなことが続くうちに、パートナーと二人っきりになるのが怖くなり、いわゆる「パニック障害」のようになっていたのだと思います。

限界を感じた自分が、その無能状態から抜け出すキッカケとなったことが、「すべてを捨てて、今までの自分だったら絶対に選ばないことにチャレンジする」という決断でした。

自らキネシオロジーを封印し、離婚しホームレス状態に身を置きました。そして日中は鳶職、深夜は居酒屋でバイトし、1日3時間睡眠で丸1年間の人間修行の旅に出ました。

覚悟が決まるまでは、もがき苦しみジタバタしましたが、覚悟が決まって飛び出した瞬間に背中に羽が生えたかのように自由を感じました。

「初心忘るべからず」の正に「初心」に戻り、「自分の立場を維持すること」から「自分自身の魂の成長の為の道」に戻ることができたのです。

これは、「ピーターの法則」の回避方法の三つ目だったのです。

「**昇進後に無能と判断された場合は降格を検討する**」

昇進後に期待されるパフォーマンスを発揮できない場合は、一度降格させることを考えます。これは、メンバー自身のストレスを減らし、組織全体のパフォーマンスを向上させるための措置です。降格はネガティブな措置と捉えられがちですが、本人に適した役職で能力を発揮させることが最終的には本人と組織双方に利益をもたらします。

その時の自分は「ピーターの法則」や「その回避法」のことは知りませんでしたが、今になって振り返ってみると、ぴったり当てはまります。

すべてを捨てたことで、プレッシャーがなくなって自由になり、もう一度本来の自分自身を取り戻すことができたのです。

キネシオロジーを再開した時には、筋肉反射テストを取るまでもなく、相手のことが丸見えな感じがしました。**正に、スコトーマが外れ、無能状態から脱出することができた**わけです。

あの決断で、私はそれまでの人生とは全く異なるパラレル・ワールドにシフトすることができたという実感があります。

## コンフォートゾーン、ストレッチゾーン、パニックゾーン

コンフォートゾーン、ストレッチゾーン、そしてパニックゾーンは、私たちが自己成長と変化を経験する過程で直面する概念です。

これらの概念を理解することは、自己認識を高め、目標達成に向けた自己促進の道筋を築くのに役立ちます。

### コンフォートゾーン

コンフォートゾーンは、私たちが安心感を覚え、ストレスや不安を最小限に抑えられる行動や思考の範囲です。

ここでは新たな挑戦やリスクを避けることで、快適さが保たれますが、成長や学習の機会も限られてしまいます。ぬるま湯に浸かっているような状態です。

時代は常に変化していますので、そのまま油断していると「茹でガエル」になる危険性があります。

## ストレッチゾーン

ストレッチゾーンは、コンフォートゾーンの外側に位置し、新しいスキルを学んだり、未知の状況に挑戦したりすることで、自己成長と発展が促される領域です。

ストレッチゾーンでは適度なストレスや不安を感じるかもしれません。それは、現状の外側なので、まだ「やり方」や「資金」「必要な環境」「協力してくれる人」などが**スコトーマされ見えていない状態**だからです。しかし、それでも諦めずに続けていくことで、次第にスコトーマが外れて新たな発見が次々と起きることになります。

そして、今までの自分では考えられなかったことを達成し、それがさらなるゴールに向かって進んでいく原動力となっていきます。

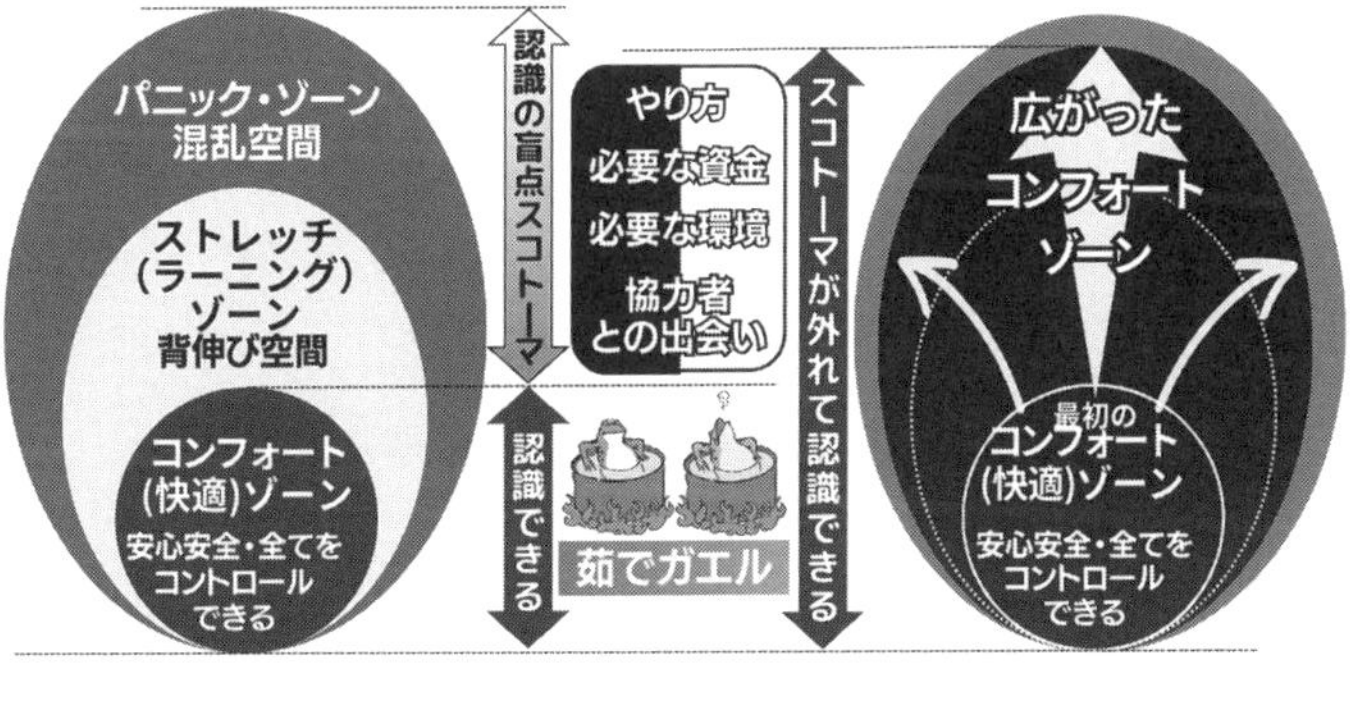

## パニックゾーン

パニックゾーンは、ストレッチゾーンを超えた領域で、個人が圧倒され、不安や恐怖がコントロール不能になる可能性がある場所です。ここでは、挑戦よりも防衛反応が優先され、学習や成長は妨げられがちです。

これらの概念を理解することで、私たちは自己成長の過程において自分自身をどのように位置づけ、どのように進むべきかをより良く理解できるようになります。

一般的には、自分のコンフォートゾーンを意識的に拡張し、**ストレッチゾーンでの学習と成長に挑戦しつつ、パニックゾーンへの突入を避けることが重要**だと言われています。

ところが、ブレイン・アップデートでは、敢えてパニックゾーンにゴールを設定することを提唱しています。

なぜでしょうか？

その秘密は、次の章でお伝えします。

第7章

# 本来備わっている可能性を使いこなす

BRAIN UPDATE

## 脳と心と体のスイッチ

家庭の中にはさまざまな電気製品があふれていますが、必ず「取扱説明書」がついています。そこには、「どんな便利な機能があって、どのスイッチを入れたら良いか」が詳しく書いてあります。

では、人間の赤ちゃんが生まれた時は、どうでしょう？どうも神様は、人間に「**取扱説明書**」を付けるのを忘れてしまったようです。だから親は、「生まれてきた子供にどんな機能が備わっているのか？」「どのスイッチを入れればそれが作動するのか」がわからないのです。

この為、子供時代にどんなに反発を感じたとしても、親になった途端にそのことを忘れて、まったく同じような育て方を反射的にやってしまったり、「その時代に流行っていた育児書に書かれていた子育て法」を闇雲に採用しているわけです。

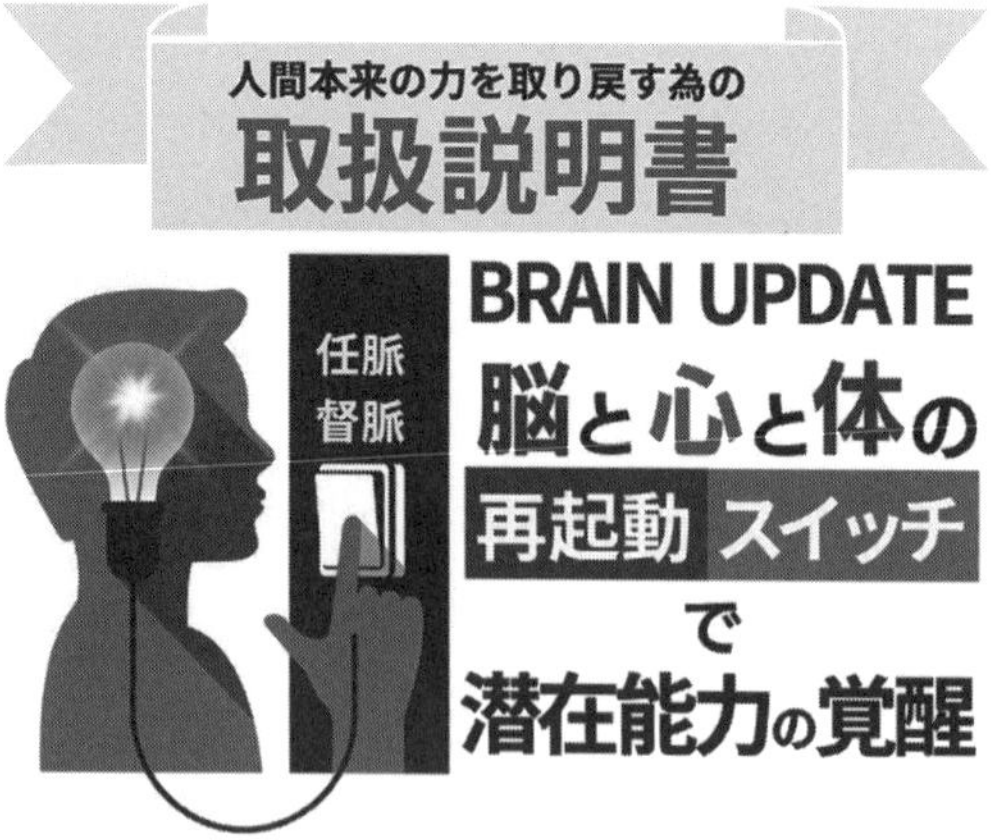

人間本来の力を取り戻す為の
取扱説明書
BRAIN UPDATE
任脈
督脈
脳と心と体の
再起動スイッチ
で
潜在能力の覚醒

しかし、同じ両親から生まれてきた子供であっても、「どんな星のもとに生まれてきたのか」生年月日で決まる天命や個性、バイオリズムなどが違います。（「ブレイン・アップデート」では、このことを扱う講座もありますが、これだけでも膨大な情報量となる為、本書では触れません）

また「顔の特徴の違い（人相科学）」で決まる個性もあります。こちらは私の1冊目の本『自分の顔を生きる』に書きましたので、興味のある方はお読みください。

「ブレイン・アップデート」は、神様が付け忘れた「**人間が本来備わっている力を取り戻す為の取扱説明書**」だとも言えます。

**脳が生体コンピューターなら、身体はｉＰａｄのタッチパネルのようなもの**

身体にはたくさんの**アイコン（経穴・経絡）**があります。それを軽くタッチしただけで、アイコンが最大画面になり、そこにプログラムされた感情やイメージが湧き上がります。

例えば、ちょっとしたことである人の「怒り」の地雷（アイコン）を踏んでしまって、なかなか治まらずに困ったことはないでしょうか？

しばらく時間が経つと、気分が変わり、ほとぼりが冷めたとしても、またいつ、どこで地雷を踏んでしまうかわかりません。

しかし、どこに、どんな地雷があるかわかったとしたら、どれだけメリットがあると思いますか？

「ブレイン・アップデート」では、アイコンをタッチするように、そのポイントに触れ、そのポイントと関係した感情的反応を消去し、代わりに適切なプログラムを入れ直すことができます。

以来、そのアイコンに触れる度に、怒りの代わりに、意欲が湧くようにもできるのです。

もし、こんなスイッチがあるとしたらどうですか？

・相手の方が支配的で、「自分には選択の余地がない」と思っている時に、「自分で選択する力」を取り戻すスイッチ
・「自分には価値がない」と感じて萎縮してしまって

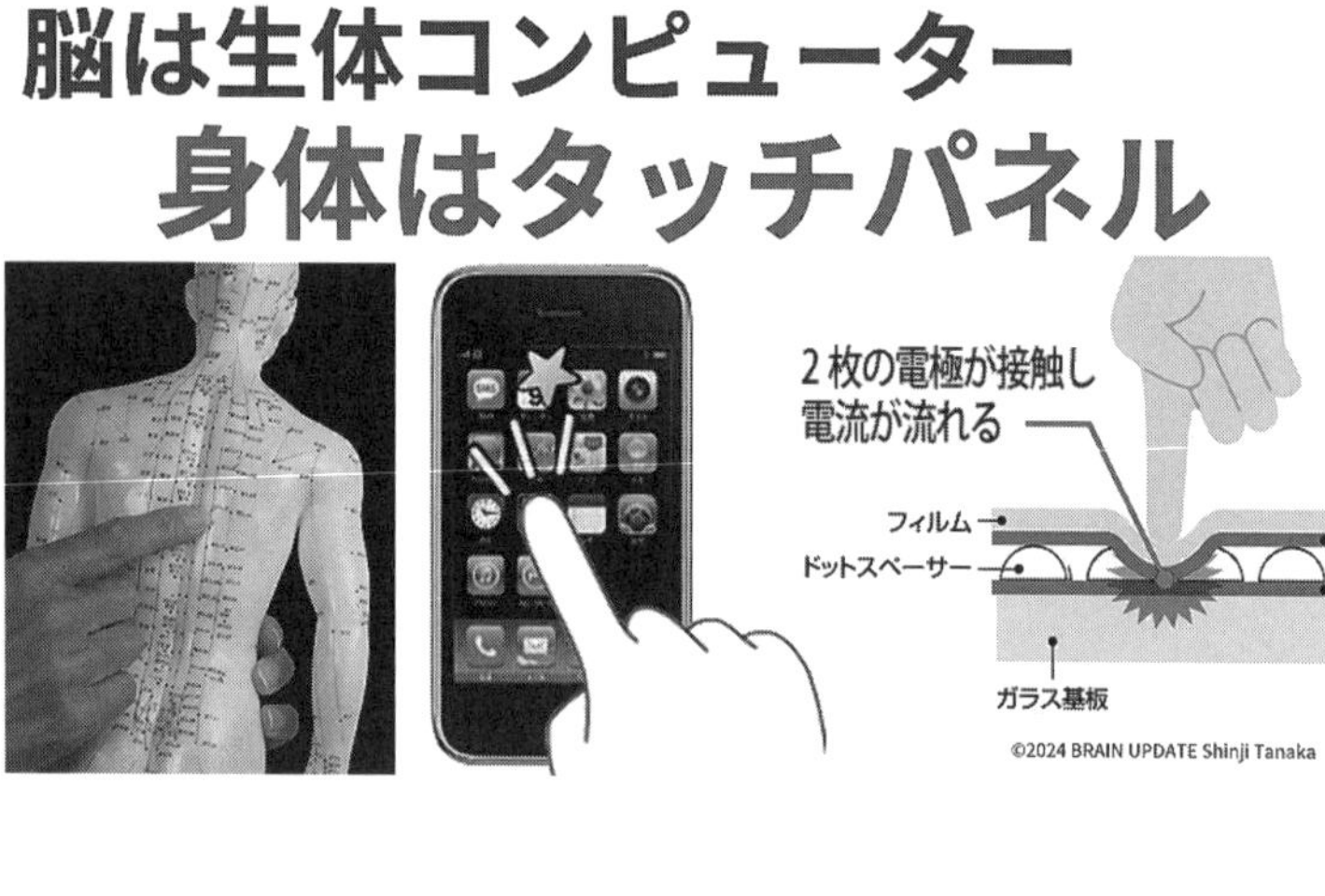

いる時に、「自分本来の価値」に気づき、自分軸を取り戻すスイッチ
・人や状況に左右されなくなるスイッチ
・親や上司に反発を感じるのを終わらせ、素直に受け入れ成長できるようになるスイッチ
・あらゆる感情ストレスを解消できるスイッチ
・異性を惹きつけるセクシャリティのスイッチ
・頑張っているのに空回りしてしまっている状態を解消するスイッチ
・突発性難聴や聴覚の問題を解消するスイッチ
・老眼・近眼・乱視を解消するスイッチ
・人前で話すこと、スピーチすることの苦手意識を解消するスイッチ
・カラオケの苦手意識を解消され、声がどんどん出せるようになるスイッチ
・胃のモヤモヤ、消化不良状態（食べ物でも情報でも）を解消するスイッチ
・好き嫌いを解消するスイッチ
・怒りの感情を意欲に変えるスイッチ
・罪悪感を解消し、感謝に変えるスイッチ
・顔をリフトアップするスイッチ

・バストアップするスイッチ　etc.

ここに挙げたものはほんの一例で、まだまだ沢山のスイッチがあります。

人間には本当にさまざまな機能が備わっています。そのスイッチさえわかれば「難しい原理やメカニズム」を知らなくても、瞬間的になりたい状態に切り替えることができるのです。

「**身体中に、そんなスイッチがいっぱいあったら、お風呂で身体を洗ったりする時に、間違ってスイッチを押しちゃったりしないの？**」と疑問を持った方もいるかもしれません。

しかし、大丈夫です。スマホやiPadに電源が入っていない時にタッチパネルに触っても何も反応しませんよね。また、同じ場所に触ったとしても、どんなアイコンが表示されていたかによって、意味が全く違ってきます。

私たちの身体も同じなんですね。最初にどんな設定をしてからアイコンに触れるかによって意味が変わってきます。

また、今のあなたが本当に望む人生を明確にして、その妨げとなっているさまざまな要因のアイコンをすべて開いてリンク付した上で、たった一つのアイコン（ツボ）を使って、一発解消させることもできます。その瞬間に全身にエネルギーが流れて、人生そのものがワープしたように、物の見え方、捉え方、性格までをも激変させてしまうこともできるのです。

これは、**「あらかじめ高い志を持ってゴール設定をした上で、感情の振り子をZERO化して、一気に潜在能力を瞬間覚醒させる」**という感じです。

YouTubeに動画がありますので、是非ご覧ください。

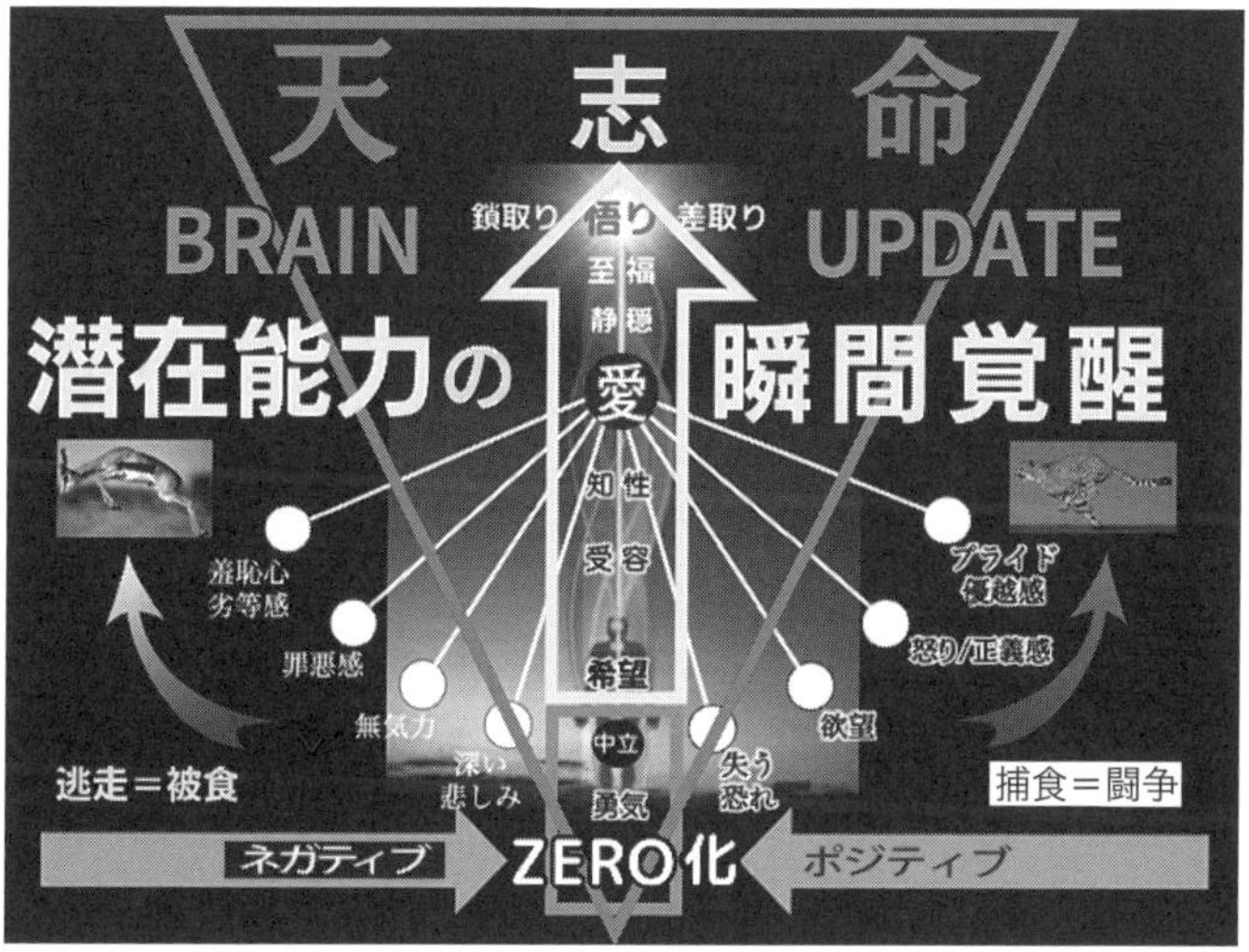

## さまざまな分野の専門家が「ブレイン・アップデート」を絶賛

これまで、「ブレイン・アップデート」の受講生の中には、

・経営者やコーチ、アメリカのビジネススクールで経営学修士ＭＢＡを取得してきたコンサルタントなど**ビジネスの専門家**
・医師、理学療法士、鍼灸師、整体師、パーソナルトレーナーなどの**身体の専門家**
・心理カウンセラー、心理セラピストなどの**心の専門家**
・僧侶、百日間の大荒行を修めた行者、キリスト教の牧師、神父などの**スピリチュアルの専門家**
・幼児教育、学校教育、オックスフォード大学の科学者などの**教育の専門家**
・パイロット、弁護士、投資家、などの**専門職**
・オペラ歌手、ピアノ奏者、社交ダンスインストラクター、画家などの**アーティスト**
・さまざまな高度なキネシオロジーを長年学んできた**同業者の方**

このような方々もいらっしゃいました。
その人たちからの感想の多くが……

・長年遠回りしてきたけれど、すべての答えがここにありました！
・何十年修行しても得られなかった感覚に、こんな簡単に至れるなんて信じられません。もう修行は終わらせていいんですね。
・本やセミナーで頭でわかった気になっていたことが、初めて体感し腑に落とすことができました。
・鍼灸学校３年間を卒業し、その後も長年鍼灸師をやってきたのにわからなかった経絡のエネルギーを、たった1日でしっかりと体感できました！
・創造主の視点・悟りの感覚に至るのは、特別な人だけだと思っていたのですが、私にも体感できました。
・病気も人間関係の問題も、すべては自分で作っていた自作自演のドラマだったことがわかりました。
・『奇跡が当たり前』という意味がわかりました。
・オンラインでの代理テストや代理調整でも、ハッキリ体感と効果を感じられました。
といった驚きの声をたくさんいただいております。
そこで、この章では、その秘密を解き明かしていきます。

## 「ブレイン・アップデート」はスコトーマを外す最強の道具

「スコトーマ（認識の盲点）は、価値観の優先順位で生まれる」ということはすでにお伝えしました。そこで、あなたが何に価値を置いているか、そして、そのことでどんなスコトーマがあるかを調べていきましょう。

**「簡単にする」のか「難しくする」のか**

1. もし、あなたがこれから何かにチャレンジして、それに成功するとしたら、「簡単なことに成功する」のと「難しいことに成功する」のでは、どちらに価値を感じますか？
2. もし、あなたがこれから何かにチャレンジして、それに失敗するとしたら、「簡単なことに失敗する」のと「難しいことに失敗する」のとでは、どちらが落ち込みますか？

大抵の人は、次表のように、「成功しても、しなくても、難しいことのほうに価値を感じる」とお答えになったのではないでしょうか？

ということは、「**簡単なこと**」を「**敢えて難しくする**」という意欲があることを意味しています。

つまり、「本当は簡単」なのにも関わらず、そのことがスコトーマされ、難しいほうばかりが見えるようになっているということです。

では、なぜそのようになっているのでしょうか？

それは、「人の評価を気にしている」からではないでしょうか？

**「そんな難しいことに成功したんだ！　凄いよね！」**

と言われたいけど「**簡単なことに成功しても、そんなの当たり前だよね！**」とは言われたくない。

**「こんな簡単なことに失敗したんだ！　情けないね」**と言われたくない。

**「こんな難しいことにチャレンジしたんだから、失敗しても良くやったよね！」**と言われたい。

これらの「隠された意図」が働いているから、「簡単なことを敢えて難しくしている」

**あなたは、どちらに価値を感じるか？**

| | 簡単なこと | 難しいこと |
|---|---|---|
| 成功する | × | ○ |
| 失敗する | × | ○ |

**ということは…**

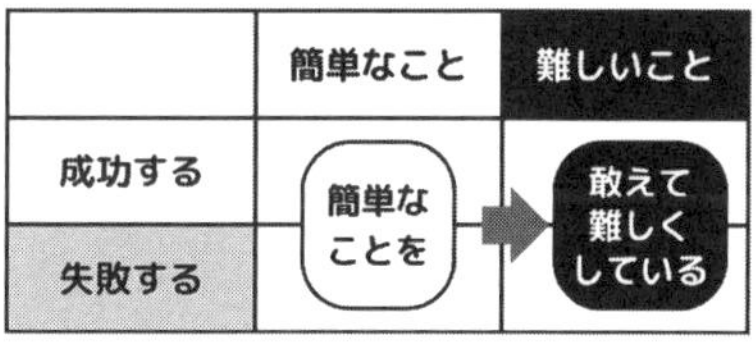

ようなのです。

そして、その前提には、「自分の能力には上限がある」「どんなに望んでも、自分には選択の余地がない」という思い込みが働いているようです。

これが、ほとんどの人の初期設定なっている為に、医療も教育もビジネスも、あらゆることが難しくなっているわけなのです。

## 「あなたの初期設定」を確認し、スイッチを入れ直そう

「ブレイン・アップデート」の中で最も大切にしている経絡が「潜在能力の覚醒」そして、「脳と心と身体のメインスイッチ」とも言える任脈・督脈です。

一般的には、任脈・督脈は、肉体や魂に蓄積された「氣」（エネルギー）と、そこから出ていく気のバランスに関係しており、とくに肺経と密接に繋がっています。この任脈・督脈の二つの経絡は、どちらも呼吸と深く関係している経絡だと言われています。

呼吸をする時は、空気だけでなく、「氣」と呼ばれる微細なエネルギー、日本語では「生

命エネルギー」、ヨガやアーユルベーダではプラーナが出入りするからです。アーユルベーダでは、プラーナを「方向性を決める生命エネルギーであり、肉体を維持するモーター的な存在」としています。

任脈・督脈は、他の12の経絡すべてと関わっています。従って、心・身体・魂をトータルにバランスをとる上では、最優先に調整する必要があるものだと言えます。

**「ブレイン・アップデート」では、任脈・督脈を特別なスイッチとして位置付けています。**

**なぜなら、「任脈＝選択する力を取り戻すスイッチ」だからです。**

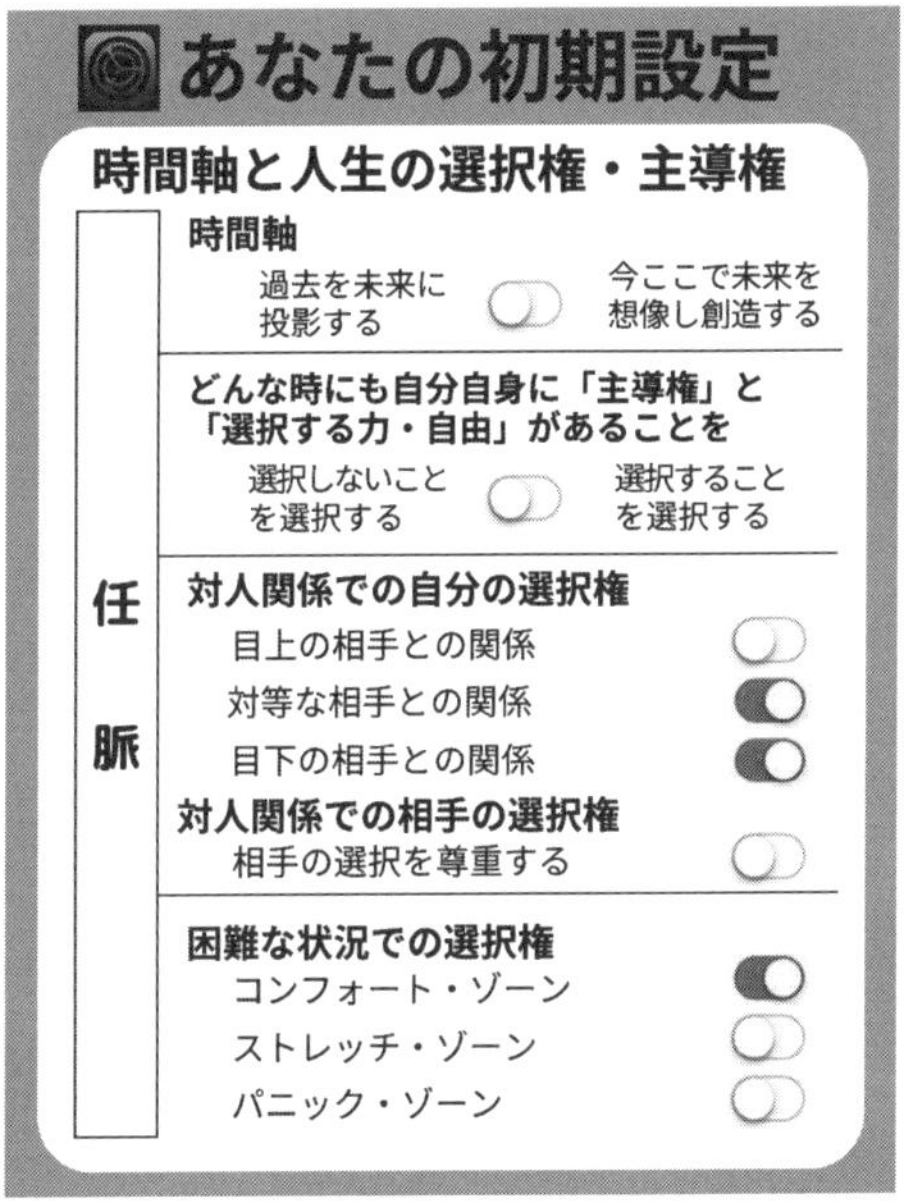

## 1. **選択する力を取り戻すメインスイッチ：任脈**

（恥骨から下顎中央にかけて流れる正中線の経絡）

任脈には、使用済みの氣エネルギーが蓄えられており、吐く息と共にこれを放出します。この経絡の働きは、過去には役に立ったもので、今となっては不要になったものを吐き出す＝つまり「**今ここで選択する**」ということと関係する脳と心と身体のメイン・スイッチとも呼べるものです。

①あなたは、「**今ここ**」にいて、新たな未来を**想像**（**イメージ**）して、未来を新しく**創造**（**クリエイト**）して毎日をワクワクしながら生きていますか？

それとも、「**過去の感情と結びついた記憶**」に基づいて、未来にも同じようなことが起きることを予期して不安や恐れを抱いていますか？

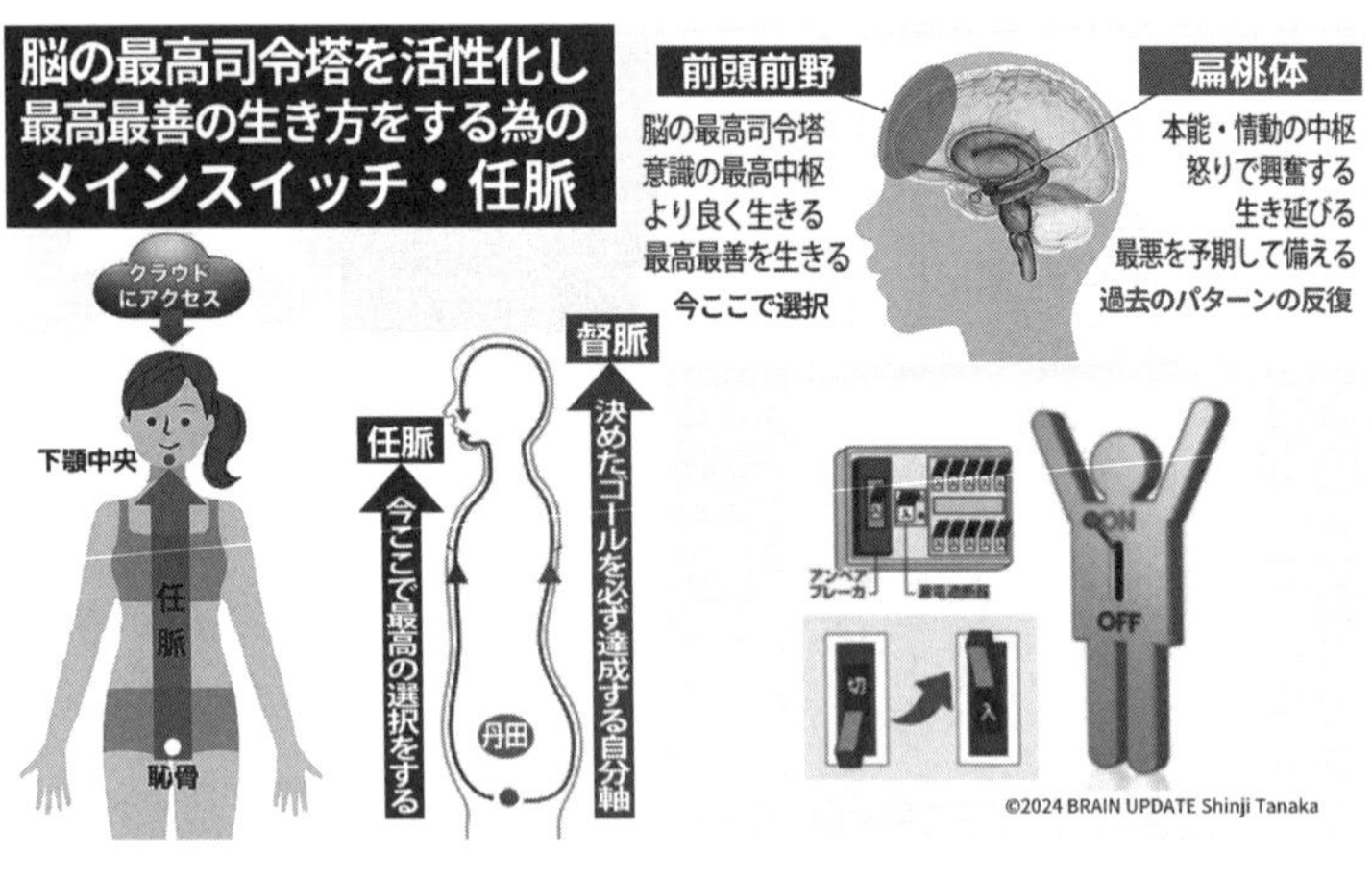

**②あなたは、「どんな時でも自分自身に選択する力がある」**ということがデフォルト（初期設定）になっていますか？

残念ながら、戦後教育を受けた現代人の多くの人が親や上司などの「**目上の人との関係**」**では「自分には選択の余地がない」**と感じて我慢して服従している人が多くなっています。

しかし、これは「**選択しないこと**」**を**「**選択している**」に過ぎません。だからこそ、今度は「**選択すること**」**を**「**選択する**」と決めて**任脈を活性化するだけ**でいいのです。

では、同僚、パートナーなどの「**対等な関係**」や部下や子供などの「目下の人との関係」ではどうでしょう。

あなた自身が「**選択する自由が自分にある**」と感じている時に、**相手にも**「**選択する自由があること**」を尊重できていますか？

それとも、自分が目上の人に我慢して服従していたのと同じように、目下の人との関係では、支配的になって服従させていないでしょうか？

人と協力して何かを成し遂げようとしたら、お互いが共通のゴールに向かって自ら選択して動いていることが大切です。支配的になって相手を服従させることは、手っ取り早いかもしれませんが、本人が自ら選択して動かない限りは継続しません。

### ③困難な状況での選択権

1）コンフォートゾーンの中ではストレスがなく安心安全を感じています。

この状態では、大抵、任脈・督脈をはじめ、すべての経絡は活性化しています。

2）ストレッチゾーンでは、現状の外側に設定したゴールに向かって適度なプレッシャーがあります。自らチャレンジすることを選択している間は、「任脈」は活性化していますが、他の経絡はプレッシャーの程度に応じて許容量オーバーでブレーカーが落ちるようにスイッチが切れてしまいます。

3）パニックゾーンまでくると、完全に許容量オーバーでメインスイッチである「任脈・督脈」がシャットダウンします。思考・感情が混乱状態に

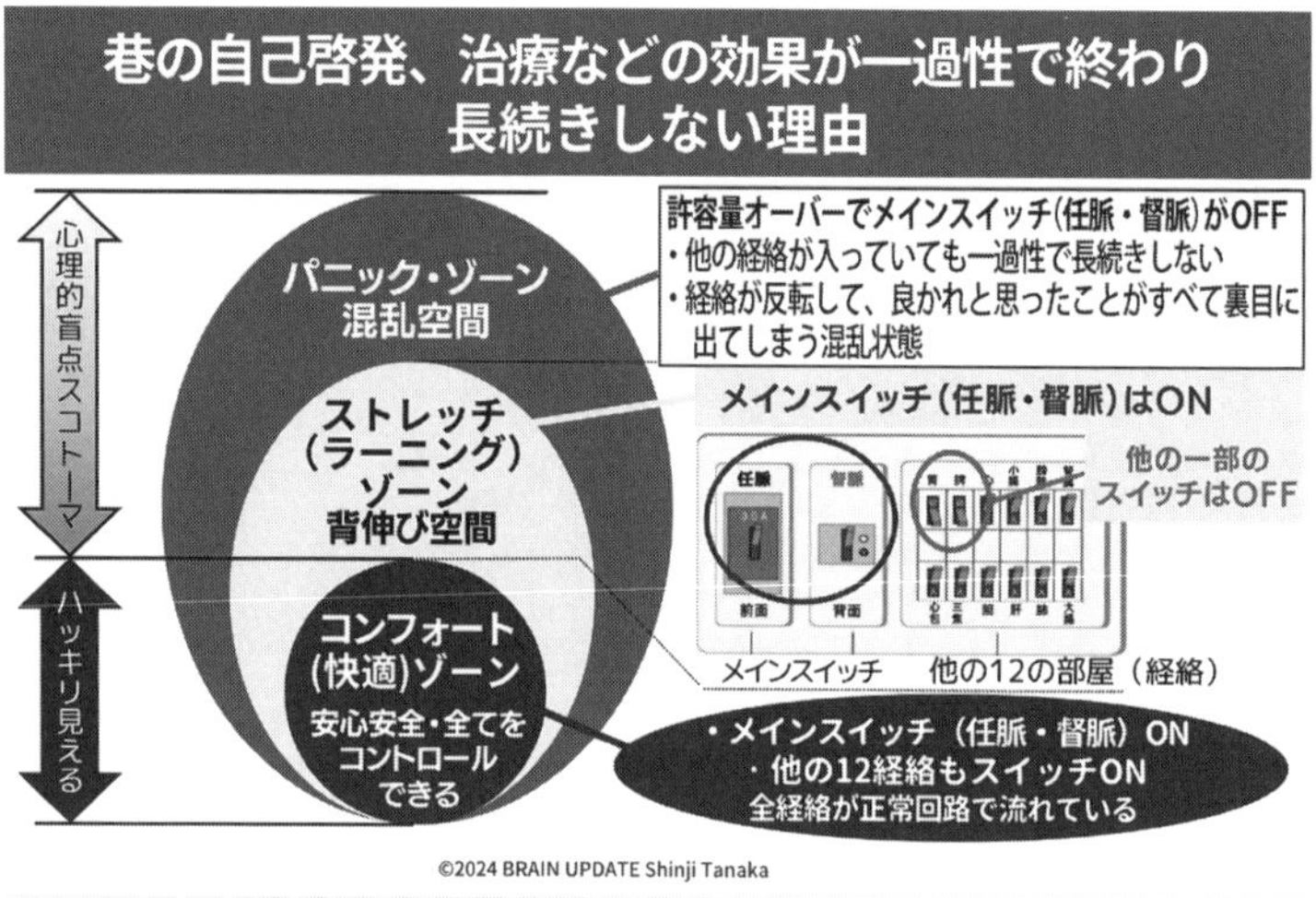
巷の自己啓発、治療などの効果が一過性で終わり長続きしない理由
心理的盲点スコトーマ
ハッキリ見える
パニック・ゾーン
混乱空間
ストレッチ
(ラーニング)
ゾーン
背伸び空間
コンフォート
(快適)ゾーン
安心安全・全てをコントロールできる
許容量オーバーでメインスイッチ(任脈・督脈)がOFF
・他の経絡が入っていても一過性で長続きしない
・経絡が反転して、良かれと思ったことがすべて裏目に出てしまう混乱状態
メインスイッチ（任脈・督脈）はON
他の一部のスイッチはOFF
任脈
督脈
前面
背面
メインスイッチ
他の12の部屋（経絡）
・メインスイッチ（任脈・督脈）ON
・他の12経絡もスイッチON
全経絡が正常回路で流れている
©2024 BRAIN UPDATE Shinji Tanaka

なります。

ここで、多くの人がメインスイッチが切れたまま「無理して頑張る＝サバイバル・モード」に切り替わります。

では、以上のことを踏まえて、実際に「**人生の選択権・主導権を取り戻す為のワーク**」を行いましょう！

## ワーク１：任脈の瞬間　スイッチＯＮ

やり方：深呼吸しながら、本来の「元氣」の流れを感じてみましょう！

体から３〜４センチ離れた場所を恥骨から下顎中央まで、ゆっくりとなぞりあげてみて下さい。

もし、氣の流れを感じられないとしたら、任脈が反転している証拠です。つまり今ここにいない状態ですが、丁寧に「**自分のメインスイッチが今入って、エネルギーが正常に流れ始めているんだ**」という思いを持って、繰り返し深呼吸しながら下から上になぞりあげてみると、次第に内側のエネルギーが高まっていく感じがすると思います。

これが元氣（本来の氣の流れ）ということを意味します。

慣れてくれば、イメージだけでも任脈のスイッチが入れられるようになります。

**任脈は脳の最高司令塔とも呼ばれる前頭前野とも関係しています。**

任脈をなぞり上げる方法と合わせて行うと効果的なのが、額の左右のポイントと頭頂部のポイントに触れることです。

## ワーク2：前頭前野と頭頂のスイッチON

やり方：前頭隆起（額の左右にある少し隆起したポイント）に触れます。

右のポイントは、右脳側で抽象度を上げて全体像を認識すると共に、左半身を制御することに関係しているポイントです。

左のポイントは、左脳側で具体的な現実化の為に言語化すると共に、右半身を制御することに関係しています。

この二つのポイントに触れることで、「**今ここで選択する力**」を取り戻します。さらに、頭頂部のポイントに触れることで、直感力を高めます。このポイントは、肉体を超えた「**高次の自己**」。パソコンに例えるならば、アンテナを立ててクラウドに繋がることに関係しています。

この三つのポイントに優しく触れることで、それぞれの脈が同調していくのを深呼吸をしながら感じていきます。

次に、「ぼんのくぼ」に指を入れ、上下にマッサージします。

このポイントは、クラウドからの情報をキャッチして、身体を再起動させるポイントだと言えます。

これは、難しい決断を迫られている時、瞬時の判断が必要な時、自分よりも立場が上の人に主導権を握られっ放しになっている時に、**「今ここで選択する力」を取り戻すことで主導権を取り返す**ことができます。

**「アインシュタインの名言」と任脈の繋がり**

アインシュタインの名言に「**いかなる問題も、そ**

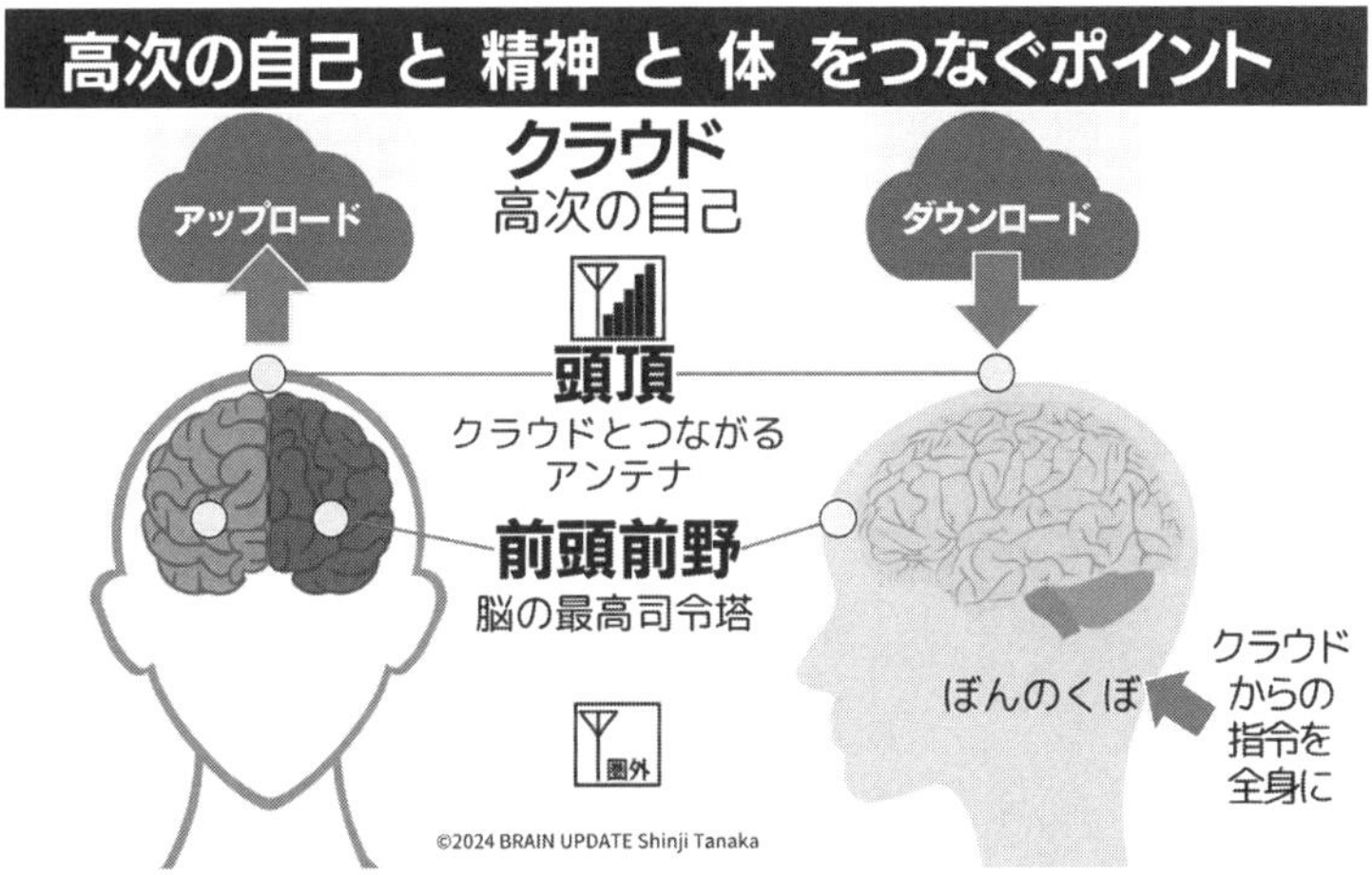

**の問題が発生した同じ次元で解決することはできない」**というものがあります。

この考え方は、キネシオロジーに伝わる「**脳と心と体のメインスイッチ（任脈）**」を活性化する時のアプローチの有効性を裏付けるものだと言えます。

**任脈の活性化**は、あらゆることに先立っての**最優先事項**となっており、**前頭隆起に触れることで前頭前野を活性化**し、**右脳と左脳の統合**を促進することで、新たな視点と解決策を見つけることを目指します。このアプローチは、アインシュタインの言う「**同じ次元**」**から離れ、より高次の思考にアクセスする方法**と考えることができます。

**前頭隆起の活性化と脳の統合**

・**右脳と左脳の統合**……左右の前頭隆起に触れること

**いかなる問題も、**
**その問題が発生したのと同じ次元で**
**解決することはできない。**
We cannot solve our problems
with the same thinking
We used when we created them

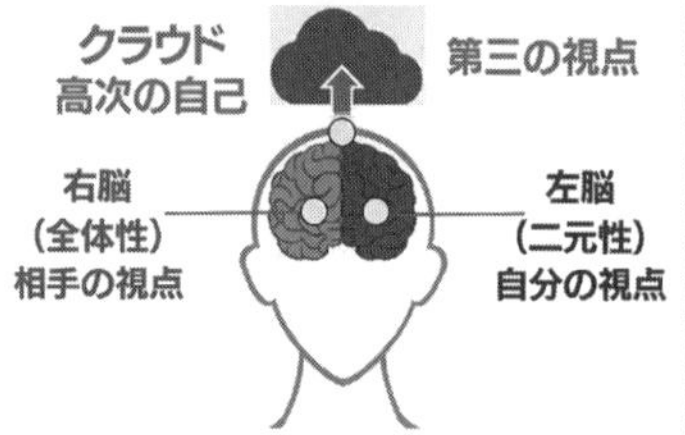


**左脳側の「自分の視点」と**
**右脳側の「相手の視点」を**
**前頭前野で統合し**
**頭頂（高次の自己の視点）で**
**俯瞰することで解決する！**

で、右脳（全体像を認識し、抽象的な思考を行う）と左脳（具体的な現実化、言語化を担う）が統合されます。この統合は、問題を新しい視点から見る為に重要です。

・「**今ここで選択する力**」**の回復……**右脳と左脳が統合されることで、より包括的かつバランスの取れた判断が可能になり、問題解決に向けた新たな選択肢を見出す力が高まります。

## 頭頂部のポイントと直感力の強化

・**直感力の高め方……**頭頂部のポイントに触れることで直感力が強化されます。これは、肉体を超えた高次の自己、つまり私たちの内側にある深い知恵や直感にアクセスすることを意味します。このアプローチは、問題をより高い次元からの洞察を通じて理解し、解決策を見出すのに役立ちます。

## アインシュタインの言葉との結びつき

・**新しい次元へのアクセス……**アインシュタインの言葉は、問題を解決する為には、その問題が生じた次元とは異なる視点や思考レベルが必要であることを示唆しています。キネシオロジーのアプローチは、右脳と左脳の統合や高次の自己へのアクセスを通じて、まさにこの新しい次元への道を開くことになります。

**・問題解決の為の高次思考……**問題が発生した同じレベルでの思考では、解決策が見えないことが多いです。キネシオロジーによる前頭隆起や頭頂部へのアプローチは、従来の思考パターンを超えた新たな洞察力を生み出し、より創造的で総合的な解決策を導く可能性を持っています。

## 2. 自分軸を深く根付かせるメインスイッチ：督脈

「自分の意思で選択することの大切さ」は、多くの人が言及しています。

また、ここ最近では、「自分軸」という言葉もよく聞かれるようになりました。

しかし、この二つが「任脈・督脈」という形で、「人間として最も大切なメインスイッチである」ということに言及している人はほとんどいないようです。

キネシオロジーの世界では、14経絡の調整をはじめ、さまざまなテクニックが開発されてきましたが、究極に突き詰めると、「現状の外側にゴール設定をした上で、「任脈・督脈」を活性化させるだけでほとんどの心身の問題は解消されてしまう」ということを私は発見しました。

**「迷中の是非は、是も亦《また》非也。**
**悟中の是非は、非も亦《また》是也。**

という真言宗の中興の祖、**興教大師**の言葉があります。

「迷いの中で正しいか誤りかという判断は、実はすべてが誤りなのである。反対に、迷いなく悟った状態で、通常なら間違っていると思うことをしたとしてもすべてがうまくいってしまう」という意味です。

これは、キネシオロジーのセッションをしていてもよく起きることです。

現状の外側にゴール設定をし、最初にメインスイッチの任脈・督脈のスイッチを入れてありさえすれば、他の経絡を調整する時のポイントを勘違いして、間違ったポイントの調整をしてしまったとしてもちゃんと効果が出てしまうのです。

キネシオロジーの世界では「エネルギーは意図に従う！」という言葉があります。明確な意図を持てば、任脈・督脈のスイッチと連動し、エネルギーが適切に動くことになります。

では、「任脈」と同様に重要な「督脈」とは、どんな働きをするものでしょうか？

## 督脈は自尊心を高め、深く根付かせていくスイッチ

あなたは、深いところで自分に対する全幅の信頼ができていますか？

任脈でコンフォートゾーンの外側にゴールを選択したならば、5秒以内に行動に移さないと、あなたの現状維持装置（扁桃体）が「やめとけ！　そんなの無理だ！　危ない！」と急ブレーキをかけ、津波のようにあなたを引き戻します。

そのブレーキがかかる前に、即座に督脈を上げることで、何があってもブレない自尊心、自分軸を確立する必要があります。

任脈と督脈をセットで活性化することで、スコトーマを外し、潜在能力を覚醒させることで新たなステージに踏み出すことができます。

最近では、コーチングの世界の中で、「現状の外側にゴールを設定し、エフィカシーを上げることで臨場感を移動させる」と言うことが提唱されています。

エフィカシー、セルフ・エフィカシー(Self-efficacy)とは、日本語では「自己効力感」と訳されたり、近い言葉では「自尊心」という言葉があります。

エフィカシーは、現代の社会学習理論の父であるバンデューラが提唱した心理学の概念で、**『非常に困難な問題を解決しなければならないという状況下にあっても積極的に取り組もうという意欲のこと』**を指しています。

## アファメーションの効果が出にくい理由

一般的なコーチングの世界では、「私はすでに、理想（なりたい自分）の状態になっている」という肯定的な文（アファァーメーション）で、臨場感を移動させようとします。

しかし、例えば『私の月収は１０００万円だ』というアファァメーションを行っているとしましょう。このようなアファァメーションは、単なる自分自身の夢（エゴ）の範囲を出ていません。

また、セルフイメージがアファァメーションの内容と大きく異なる場合、「うそだ〜！

そんなの無理に決まってるじゃない！」というような無意識のレベルでの反発が起こります。それを無理やり押さえ込んで、自分に言い聞かせることで、ポジティブな妄想癖に自分をはめ込むことになります。

これにより、アドレナリンが過剰になります。この状態は、お酒によって気が大きくなっているようなもので、酔いから覚めてシラフになったら消えてしまいます。そこで、迎え酒をするように、エナジードリンクや激辛食品、ジャンクフードやコーヒー、お酒、タバコなどの刺激物に依存するようになります。

これによって、ますますテンションが上がり、同じように興奮した仲間たちと過剰な期待をして夢のような妄想に浸っていきます。

そして、燃料であるアドレナリンを使い切ってタンクが空っぽになった途端、強制シャッ

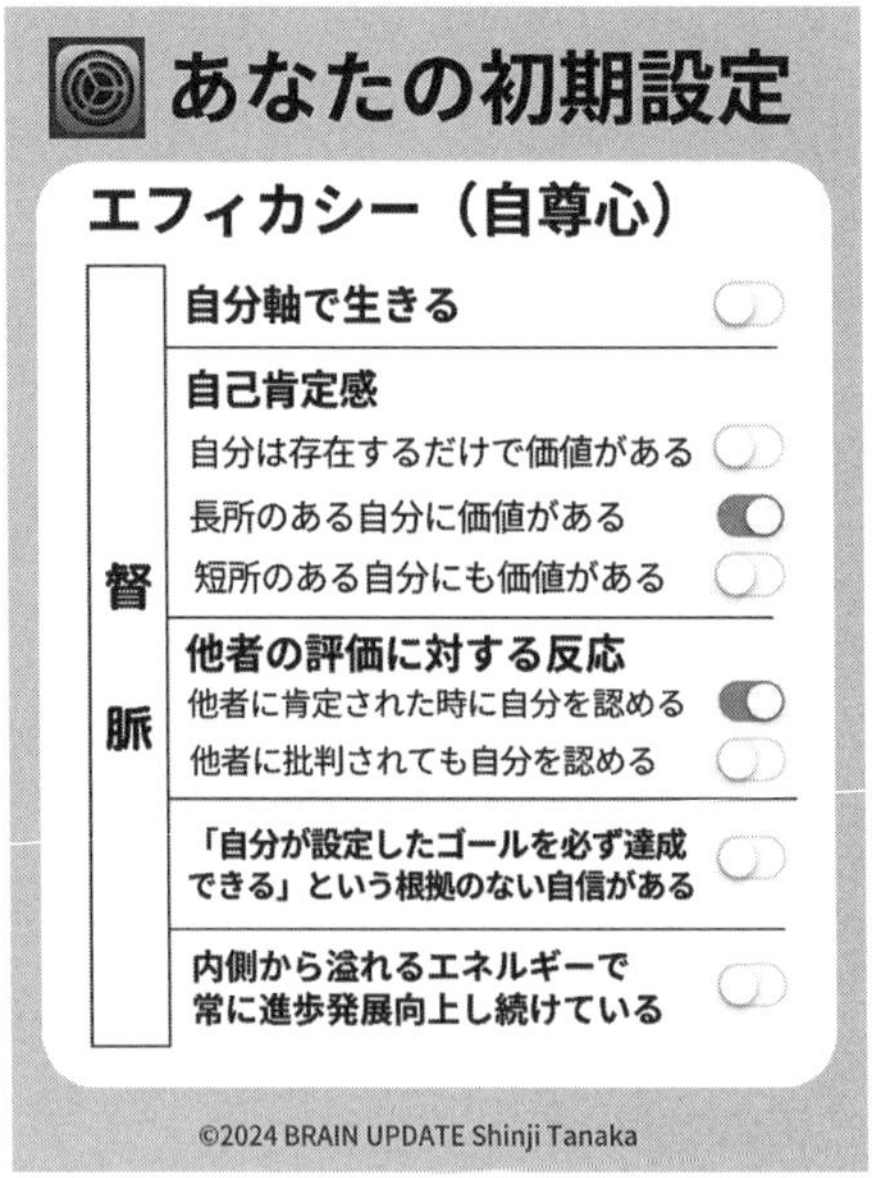

◉ あなたの初期設定

**エフィカシー（自尊心）**

| 督脈 | 自分軸で生きる | ◯ |
| | **自己肯定感** | |
| | 自分は存在するだけで価値がある | ◯ |
| | 長所のある自分に価値がある | ● |
| | 短所のある自分にも価値がある | ◯ |
| | **他者の評価に対する反応** | |
| | 他者に肯定された時に自分を認める | ● |
| | 他者に批判されても自分を認める | ◯ |
| | 「自分が設定したゴールを必ず達成できる」という根拠のない自信がある | ◯ |
| | 内側から溢れるエネルギーで常に進歩発展向上し続けている | ◯ |

©2024 BRAIN UPDATE Shinji Tanaka

トダウンでウルトラ・アンダーエネルギー状態に落ち込みます。

これは、お酒を飲んでバカ騒ぎした翌日に、極度の2日酔いで起きれないような状態に似ています。

「昨日まであんなに楽しかったのに、どうしてこんなになっちゃったんだろう」と、お酒を飲んで、「笑い上戸」になったのが、今度は「泣き上戸」「愚痴モード」に切り替わったようなものです。そして、お酒依存症になるのと同じように、アドレナリン依存症となっていきます。すると、人生の浮き沈みの振れ幅がどんどん大きくなっていきます。

私の元には、このようにさまざまなコーチングや、高額な自己啓発系のセミナーを受けてきた人たちが、限界を感じた末に訪れます。そして、なぜうまくいかなかったのか、脳と心と体のメカニズムをハッキリと学び、この依存症から離脱する為のトータルなアプローチをしています。

これによって、自然体に戻って、地に足をつけた状態で、現状の外側にゴールを設定し、コンフォートゾーン＝自然体でできる範囲を広げていくのです。

では、話を『私の月収1000万円だ』のアファメーションに戻しましょう！

脳は想像できないこと、快楽を得られないものは現実化させる機能をうまく働かせることができません。

したがって『**私の月収は1000万円だ**』というようなアファメーションを機械的に繰り返すような、自分にとって現実味がないアファメーションは効果を発揮しにくいのです。

また、このアファメーションには、「**何の為に1000万円の月収を得ているのか**」という目的意識が欠けています。一般的な仕事をしている人ではあり得ないような収入を得ているということは、他の人がマネできないような自分にしかできない何かをすることで、多くの人に貢献していることが必要です。

そこで、次のようなアファメーションならどうでしょう?

「**私は、自分自身の今までのマイナスの体験（病気・金欠病・人間関係のトラブル）などを、ブレイン・アップデートを通して、劇的に改善させることができました。私はブレイン・アップデートの在り方と技術に、自分自身の体験を統合し、同じような問題で苦しむ人達に、貢献するプログラムを提供することを通して、1000万円の月収を得ています。**

**私はそのお金を運用し、1億円の資金を作って、人生を根本から改善することができる**

**学校を作っています」**

このアファメーションの中には、

①「個人的な夢」を超えた「志」が、現状の外側に**ゴール設定**されている

**②自分自身の体験に裏打ちされた真実が統合されている**

③何の為に1000万円の月収が必要なのか、そのお金を通して何を創り出し、貢献していくのか」までの**目的意識が明確**になっている

このように、具体的なイメージングと、アファメーションに対する真の感情の動きを重視します。単にアファメーションを繰り返すだけではなく、その背後にある深い意図と自己のセルフイメージを調和させることが重要なのです。

さらに、「ブレイン・アップデート」は、アファメーショ

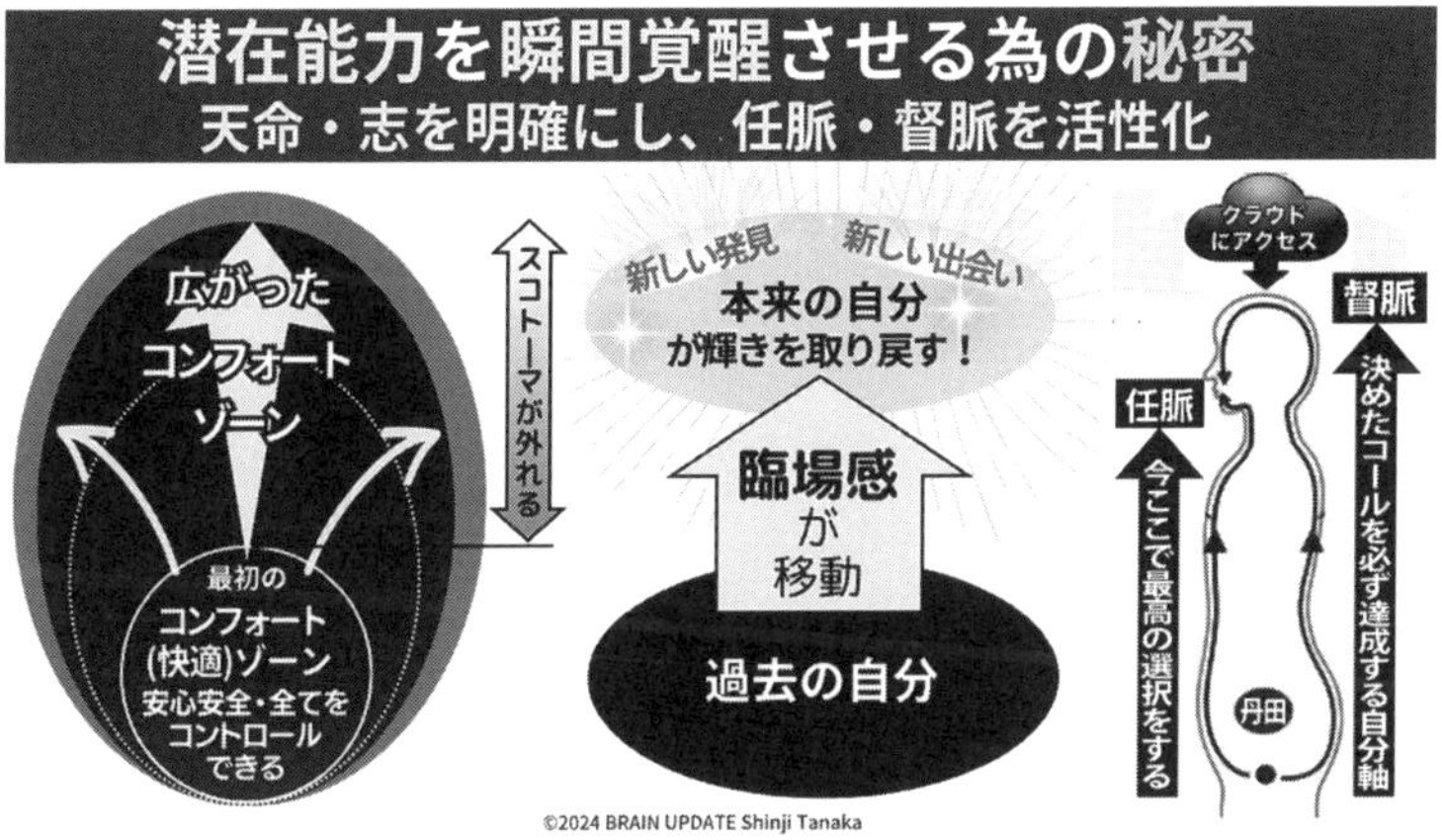

ンの実践において、自己のセルフイメージと矛盾しないようにすることの重要性を強調します。その為、自己評価を下げる要因を明らかにし、解消することが、アファメーションの成功に不可欠です。

このプロセスの一環として、「ブレイン・アップデート」では「任脈・督脈のスイッチを入れる」技術を採用しています。

**任脈は、「今ここで選択するエネルギーのスイッチ」を入れます。**

**督脈は、自分軸で自己価値を高め、自分の決めたゴールを達成するまで諦めることなく常に進歩発展向上していくエネルギー**を促します。これらのスイッチを効果的に活用することで、アファメーションに現実感をもたらし、内側からの変化を促進することが可能になります。

「ブレイン・アップデート」は、アファメーションの実践を通じて、自分自身との調和と現実のゴール達成に向けた道を示します。このアプローチにより、単なる言葉の繰り返しから脱却し、真の内面変容を達成し、定着させることができるのです。

「ブレイン・アップデート」では、督脈の活性化を通して、自己の内面に深く働きかけ、自己効力を高め、深めることを根付かせるトレーニングを行います。これにより、自己肯定感と自己効力感が同時に向上し、人は自分の能力を信じ、より大きな挑戦にも自信を持って取り組むことが可能になります。なぜならば、スコトーマが外れることで、自分を信頼できるようになるからなのです。

**督脈：自己価値を高め自分軸を取り戻すスイッチ（尾てい骨から背骨を上昇し、頭頂を超えて鼻の下に繋がる経絡）**

督脈の経絡の流し方：

二人で行う場合は、深呼吸しながら、体から3〜4センチ離れた場所で「尾てい骨」から背骨まで上昇させ、頭頂部を通過して、「鼻

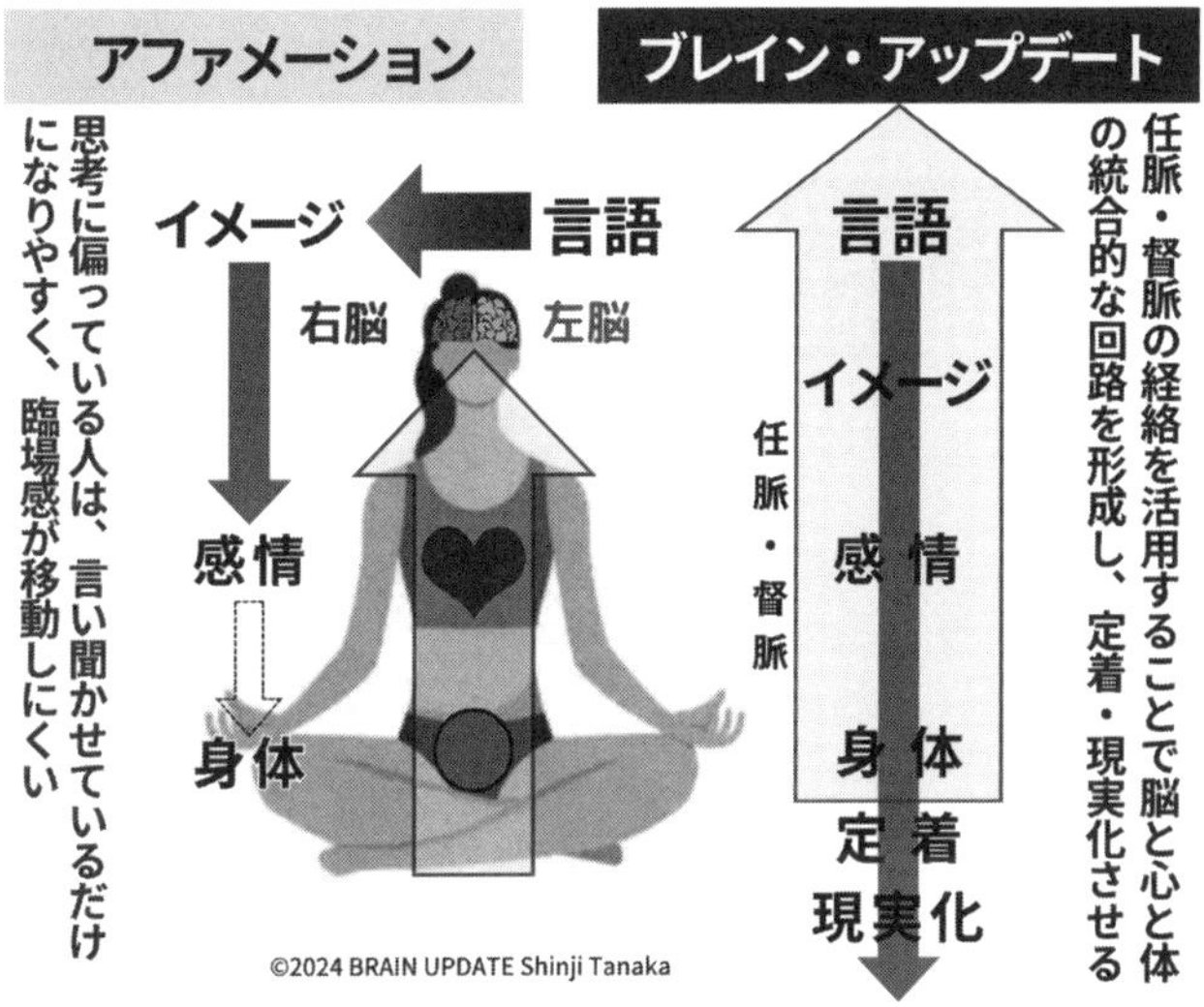

の下」のポイントまで督脈のエネルギーをなぞり上げていきます。すると、背骨の下から上に向かって温かいエネルギーが登ってきて、背筋が伸びてきます この督脈のエネルギーは、胸椎2番の辺りが詰まることで滞りがちです。胸椎2番の背骨の上を上下に刺激することで流れやすくなっていきます。

自分自身で行う場合は、手が届かないので、「尾てい骨」に片手の指で触れ、もう片方の指で「鼻の下のポイント」に触れ、背中をエネルギーが上がっていくイメージをすると効果的です。これを日々の習慣とすることで、深く根付きブレない自分軸を実感することが重要なのです。

## 督脈と関連した反射ポイントに触れる

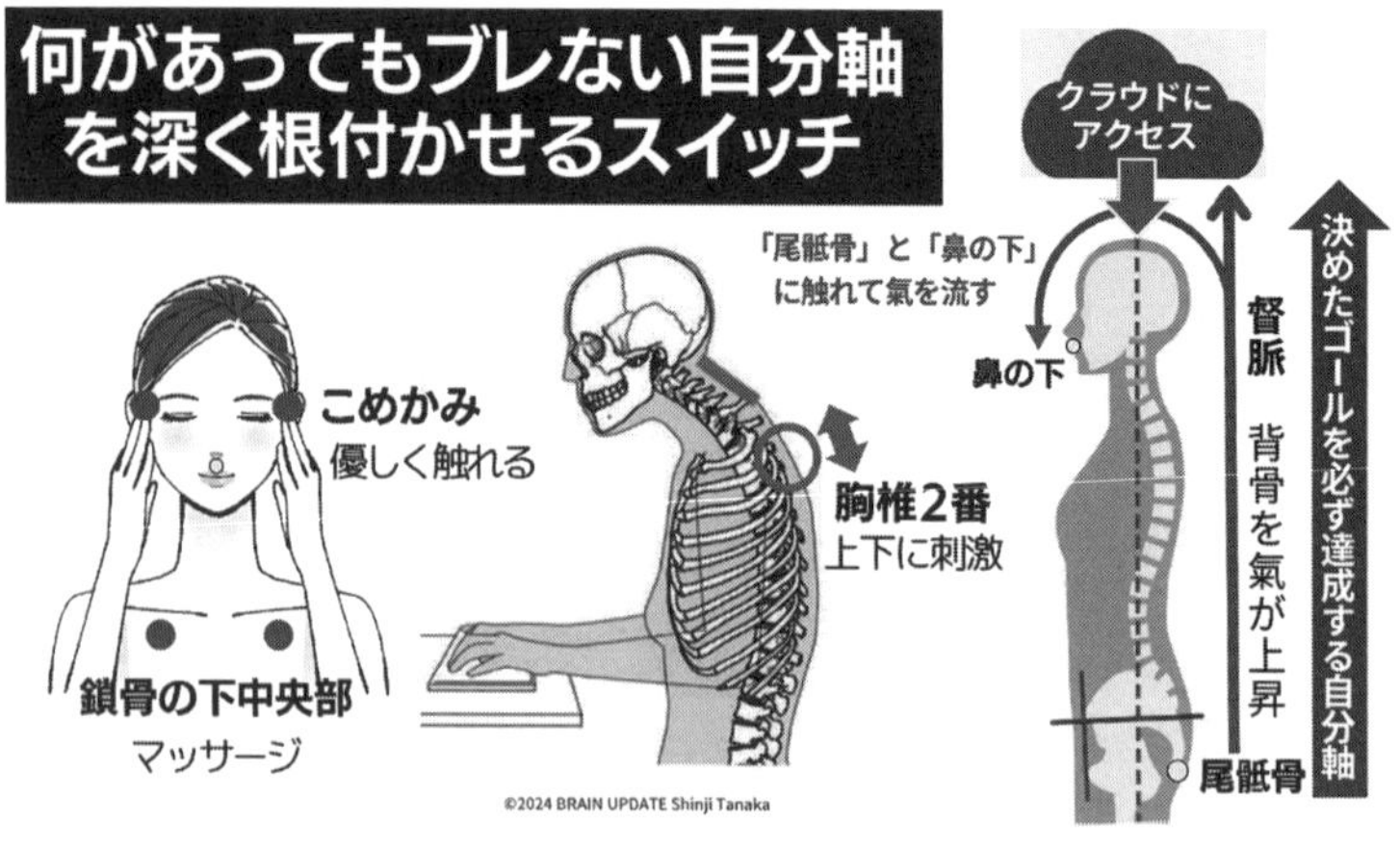

**「こめかみの髪の生え際部分」のポイント**

このポイントに軽く指で触れ、深呼吸しながら脈を感じてみてください。左右の脈が同調して揃ってくるのを待ちます。同時に、尾てい骨から温かいエネルギーが背骨の督脈沿いを上昇し、頭頂を超えて、鼻の下のポイントまで流れてくるのをイメージしてみてください。


あなたは、自分の顔の特徴と心の関係について、考えたことはありますか？

実は、ここには深い関係があるのです。

その中でも大きな特徴の違いを見てみましょう。

詳しいことは、私の『自分の顔を生きる』（サイゾー出版）にも書いていますので、そちらも合わせてお読みください。


**「こめかみ付近のポイント」は、恐怖を感じ取るセンサー**

督脈を活性化するポイントの一つに「こめかみ付近のポイント」があります。

このポイントは、恐怖を感じ取るセンサーと関係しています。

「ブレイン・アップデート」の中には、「パーソノロジー（人相科学）」という「人相学・骨相学と脳神経学を結びつけた学問」も統合されています。

その中から「**細顔と丸顔の特徴：学習して獲得した自信と根拠のない自信**」を紹介します。

**細顔：草食動物タイプの特徴**

こめかみ付近のポイントは、恐怖を感じるセンサーと関連しており、「細顔：草食動物タイプ」は、捕食される側である為、このセンサーが剥き出し状態になっています。

そのお陰で、常に周囲に対して警戒心を持ち、危険を察知したらすぐに逃げ出すことができるようになっています。とくに、初めての場所に行っ

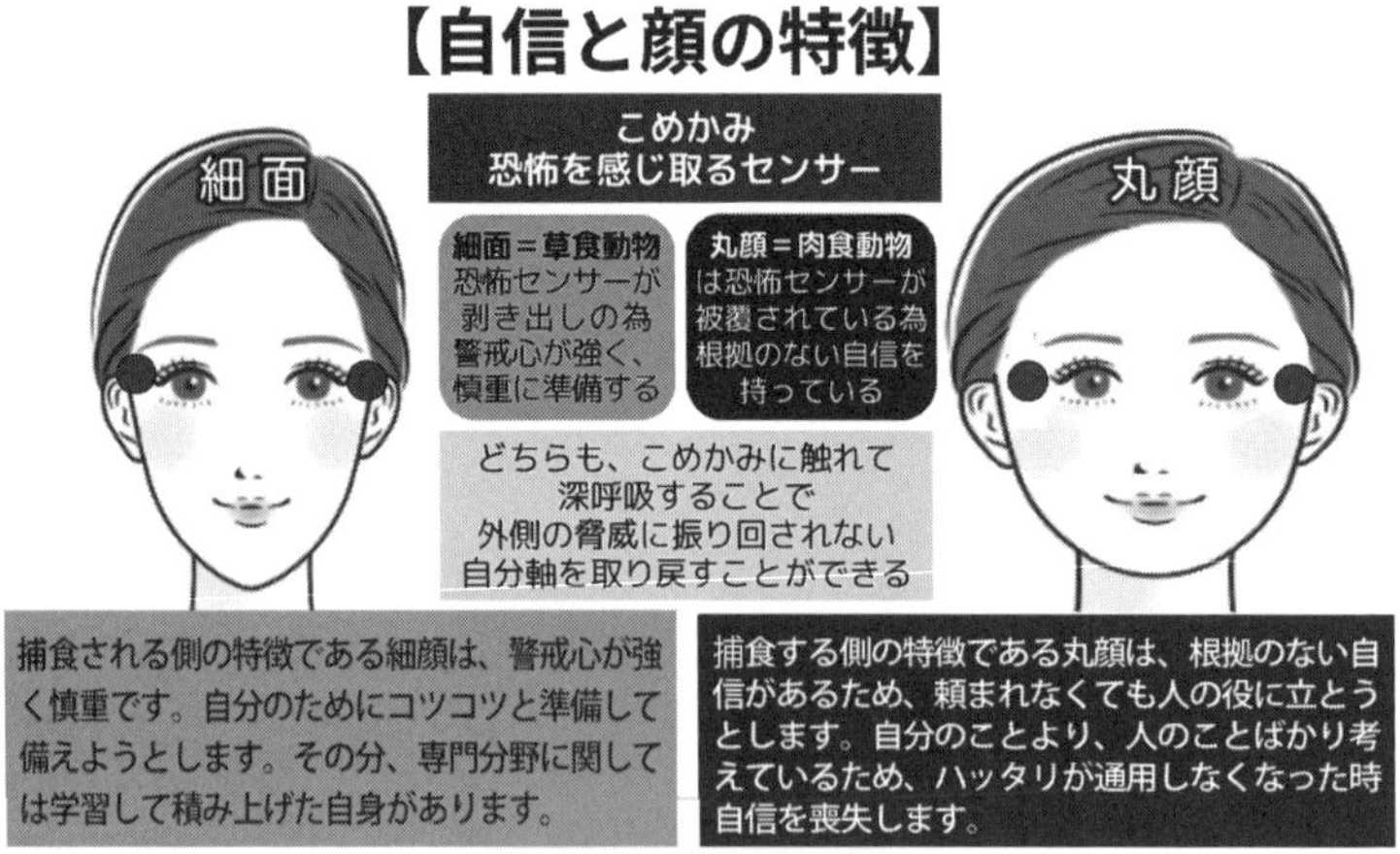
【自信と顔の特徴】
こめかみ
恐怖を感じ取るセンサー
細面
丸顔
細面＝草食動物
恐怖センサーが剥き出しの為警戒心が強く、慎重に準備する
丸顔＝肉食動物
は恐怖センサーが被覆されている為根拠のない自信を持っている
どちらも、こめかみに触れて深呼吸することで外側の脅威に振り回されない自分軸を取り戻すことができる
捕食される側の特徴である細顔は、警戒心が強く慎重です。自分のためにコツコツと準備して備えようとします。その分、専門分野に関しては学習して積み上げた自身があります。
捕食する側の特徴である丸顔は、根拠のない自信があるため、頼まれなくても人の役に立とうとします。自分のことより、人のことばかり考えているため、ハッタリが通用しなくなった時自信を喪失します。

たり、初対面の人に会う時、新しい経験をする時は、より慎重になります。また、自分自身の安全を確保する為に、あらかじめ調査・学習しコツコツと準備をします。

新しいことよりも、自分自身の得意分野を積み上げていくので一つの専門分野を持っています。この自信は学習して獲得した自信なのです。

このタイプは会社では､重役職としては理想的です。まず起こり得るリスクを吟味して、慎重に選択肢を天秤にかけます。新しい冒険的事業や人間関係に、時間やエネルギーを投資するかどうかを決めるには、まず「間違いなし」と感じる必要があります。丸顔の「何とかなるさ」という根拠のない自信を持った社長さんがいる会社では、大抵、細顔の経理を握っている重役がセットになっているものです。

## 丸顔：肉食動物タイプの特徴

捕食する側の丸顔タイプは､こめかみ付近の恐怖を感じるセンサーが被覆されています。

その為、「根拠のない自信」があり、初めての場所でも、初対面の人に会う時でも、新しいことにチャレンジする時でも「何だって本気でやればできないことなんてない！」というお手本を示すリーダーになる傾向があります。

丸顔の世話好きな特徴は素晴らしい長所ではありますが、やり過ぎると短所になります。とくに細顔タイプが慎重に自分自身で準備をしようとしている時に、頼まれていなくても口や手を出すことで、細顔タイプにとっては、親切を通り越した「お節介」と受け取られ敬遠されることにも繋がります。

丸顔タイプは、その顔と同じように、あらゆる分野に対して同心円上に「何とかなるさ」と思っているので、細顔のような専門的分野を持っていない傾向があります。出たとこ勝負のハッタリが通用しなくなった場面では、振り子が反対に振れ、自信を喪失します。

「丸顔の社長が新しい事業を始めたり、投資しようとする時に、細顔の経理担当重役が財布の紐を握って暴走を防いでいる」というのは多くの会社でも家庭でも見受けられる傾向です。ソフトバンクの孫正義さんは、丸顔の社長の典型だと言えます。

## こめかみのポイントは、どちらのタイプにとっても有効

恐怖や自信がテーマになった時には、どちらのタイプであったとしても、このこめかみ付近のポイントに触れながら、深呼吸をしてみてください。そして、どんな脅威があったとしてもブレない自分軸を取り戻すことを選択し任脈を上げ、前頭前野を活性化すると共

に、**こめかみのポイントに触れながら督脈のエネルギーを活性化**することが有効です。

## 鎖骨下中央部のポイント

このポイントも督脈を上げる時に自分自身で簡単にできるポイントです。

まず両腕を広げて親指を立てます。その状態で肘を内側に曲げて親指が触れる場所が、この鎖骨下のポイントになります。

その付近を優しくマッサージしてみてください。「イタ気持ち良い」感じがすると思います。このポイントはリンパの流れを活性化して、ストレスホルモンをリンパ（下水道）から排出するのに有効です。併せてお水を飲んでみてください。落ち着きを取り戻すことができます。

## 事例：元キックボクシング世界チャンピオンの10年来の痛みを、たった15分で解消！

### 任脈・督脈を活性化し、過去の挫折経験を乗り越える

キックボクシングと言えば、「真空跳び膝蹴り」沢村忠選手が有名ですが、ポスト沢村とも言われた富山勝治選手の「回転バック蹴り」の凄まじい跳躍力に魅了された方も多く

いるのではないでしょうか？

私はご縁があって、ある会で富山チャンプとお会いしました。年齢は70歳を超えてなお、お元気そうではありましたが、ここ10年で膝の痛みに襲われ、一流の治療家の先生に診てもらったにも関わらず痛みが取れずに困っていたそうです。

私は、まずキネシオロジーを使って、14経絡に対応した14の筋肉のバランス調整をしました。すると、痛みが消え普通に歩けるようになりました。

富山チャンプは、10年間続いた痛みが、わずか15分で消えてしまったことにビックリしていました。

「まだ安心しないでください！　今は肉体レベルの調整をしただけです。ですから、この痛みが発生した過去まで遡って、この痛みの引き金となった状況と感情を見つけて、それを解消しない限りは、必ず戻りますよ！」と、

キックボクシング世界チャンピオン
富山勝治
10年来の膝の痛みを15分間で解消！

私は釘を刺しました。

そして、10年前に何があったのかを尋ねました。しかし、富山チャンプには、これといって思い当たるようなことが浮かびませんでした。

「大丈夫です。身体にはすべての記録が残っていますから、今から筋肉反射テストを使って調べてみましょう！」

筋肉反射テストを使って、10年前まで年齢を遡っていき、その時何があったのかをF／Oホールディング（額と後頭部に触れる方法）をしながら思い出してもらいました。

すると、10年前に投資の詐欺にあったことを思い出しました。

そこで、富山チャンプに立ってもらい、「投資詐欺にあったこと」を思い出してもらっている最中に、両

**F/Oホールティング**

**「額：前頭前野」と「後頭部：第一視覚野」に触れることで、感情ストレスを解消するテクニック**

肩に手を当てて下に押してみました。

するると、先ほどの調整で痛みが消え、背筋が伸びていたのが、一瞬にして膝から崩れ落ちました。

「さあ、ここから立ち上がってみてください」

私は、跪いている状態の富山チャンプの両肩に手を当てたまま言いました。

ところが、現役当時は、どんなにノックアウトされても、すぐに立ち上がり、回転バック蹴りで相手を逆転KOさせたほどの富山チャンプが全く立てないのです。

今度は、跪いた富山チャンプの督脈を尾てい骨から上に向かってなぞり上げました。

「今私がやっているように、イメージの中の投資詐欺にあって愕然とした自分の督脈を上げてみてください。そして、内側から力がみなぎってくるのを感じてください」

すると、富山チャンプは、私が両肩に乗せている手を押しのけて立ち上がることができました。それと同時に、意識が切り替わり、不撓不屈の精神を取り戻しました。

いかがでしたか？

いかに感情が身体に影響を与えているのかということをご理解いただけたのではないでしょうか。

「オームの法則」の章で解説しましたが、精神電圧が高ければ、どんな大きな抵抗があっても、それを乗り越えていくだけの電流（感情）が流れます。

富山チャンプの場合、キックボクシングのことであれば、どんな試練でも乗り越えていくだけの高い志があったからこそ、ダウンした後でもすかさず立ち上がり、回転バック蹴りで逆転ＫＯするだけのエネルギーが湧いてきたのです。

## ワーク４：任脈・督脈を使って、過去の挫折経験を乗り越えるワーク

富山チャンプの事例は、私が施術したから起きた奇跡ではありません。過去の感情ストレスを思い出してもらいながら、心と体の両面にアプローチすることができれば、誰がやっても同じ効果を出すことができます。

実際のワークの仕方をこれからご紹介します。

とくに、過去の挫折経験（大失敗・大失恋・破産・後悔・罪悪感）を乗り越え、人生を新たなステージにワープさせたい人にとって、過去の感情を浮上させ**身体のメインスイッチ（任脈・督脈）で解消する方法は画期的な効果を及ぼす**ことでしょう。

ポイントは、**過去の挫折経験を思い出し、感情を浮上させた状態でワークすること。**

やり方

①椅子に座ってBGMをかけてください。（ゆずの「栄光の架け橋」がおすすめ）

その曲を聴きながら過去のことを思い出すと、椅子から立ちあがろうとしても身体が重くてなかなか立てない感覚を確かめておいてください。

②その曲を聴きながらESR（額に触れる）をすることで、過去にものすごく頑張ってきたこと、上手くいかずに挫折したこと、悔しかったこと、悲しかったことを思い出します。この時に深呼吸しながら、その感情に直面したまま流していきます。

③任脈（恥骨から下顎のポイント）をゆっくりと何度もなぞり上げることで、過去はどうあれ、「今ここで選択する」ということを決めます。

④督脈（尾てい骨から背骨を上昇し、頭頂を通って鼻の下のポイントまで）を丁寧に下か

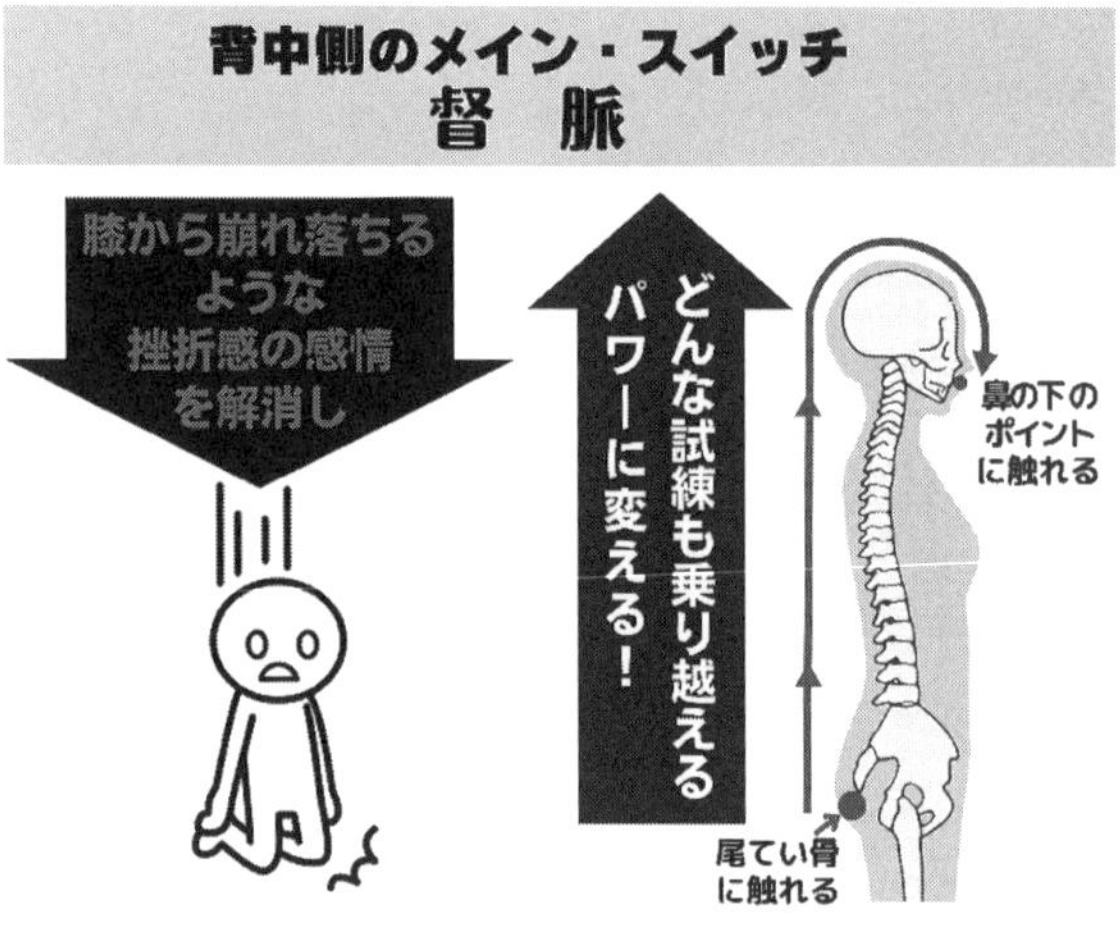

背中側のメイン・スイッチ
督　脈
膝から崩れ落ちるような挫折感の感情を解消し
どんな試練も乗り越えるパワーに変える！
鼻の下のポイントに触れる
尾てい骨に触れる

ら上に流します。

一人でやる場合には、尾てい骨と鼻の下のポイントに触れてイメージで流すだけでも効果があります。同様にこめかみに触れたり、鎖骨の下のポイントをマッサージします。

⑤イメージの中で過去に挫折してうずくまっている自分の任脈・督脈を上げます。

そして、その自分が元気を取り戻して立ち上がっていくのを見てください。

⑥十分イメージができたら、実際に自分自身も身体を使って、椅子から立ち上がります。最初のような重さが消え、楽々と立ち上がれるようになっていることでしょう。そのまま、自分の目指す方向に歩き始めるのも良いでしょう。

いかがでしたか？

好きな曲を聴きながら任脈・督脈のワークをすることで、さまざまな感情やイメージが湧き上がってきたのではないでしょうか？

私たちは、多くの場合、このようなネガティブな感情が湧き上がってくると、必死で押さえ込もうとしがちです。しかし、そのような感情の抑圧は表面を取り繕うだけで、根本的な解決にはなりません。

任脈・督脈を深呼吸をしながら活性化し、湧き上がってくる感情から逃げずに味わうことが大切です。

これによって、次第に穏やかさを取り戻すことができます。そして、「栄光の架け橋」が過去・現在・未来に繋がり、「苦しかった経験」が、それを乗り越えた「自信と誇らしさ」へと昇華されていきます。さらに、臨場感（自分にとっての当たり前のレベル）が移動します。

こうして、最初の小さなコンフォートゾーンが、今までだったら「パニックになるようなレベル」にまで広がっていくのです。これにより、「根拠のない自信」が生まれます。そして実際に行動するごとにスコトーマが外れ、新しい発見の扉が次々と開かれるようになっていくのです。

## 任脈を上げただけで、スコトーマが外れ、老眼・近眼も解消！

スコトーマ（認識の盲点）が外れることで、実際に視力そのものが改善された事例をご紹介しましょう。しかも、驚くべきことに、この時に使ったのは、「任脈を上げる」という究極にシンプルなテクニックだけだったのです。

眼はカメラのようなものです。角膜・水晶体というレンズがあり、網膜というフィルムに像を写します。カメラの部分はだいたい光学理論通りに機能しています。

しかし、「ものを見る」ということは、眼だけの働きではありません。眼で見た情報は網膜で信号に変換され、視神経を通して脳に送られます。最後は脳が認識しないと見えないのです。視覚中枢は、後頭葉（脳の後ろのほう）にあります。

眼のほうに問題がなくても、脳に問題がある為によく見えない場合があります。脳梗塞や外傷などで脳がダメージを受けると、視野が大きく欠けることがあります。時には、眼そのものは何ともないのに、脳が損傷を受けて失明してしまうことすらあります。

逆に、眼に少々問題があっても、脳内の情報処理によって補う仕組みもあるのです。

## 脳は視覚情報を加工する

脳は優れたコンピューターです。視覚情報をいろいろ加工して、輪郭を判断したり一部を強調したりすることができます。この働きは、普段は便利なものですが、長さや明るさや色を錯覚する原因になることがあります。

また、近くにあるものは大きく、遠くにあるものは小さく見えるのは当然ですが、私たちは普段それほど遠近による大きさの違いを意識しません。脳が自動的に大きさを補正しているのです。

「コンフォートゾーンの中のものはよく見えているけれど、コンフォートゾーンの外側は、スコトーマ（認識の盲点）が起きる」という原理を実際の視力に応用してみましょう！

トンネルの中のような暗い場所では、瞳孔が拡張し、光を取り込もうとします。しかし、そのままトンネルを抜けると眩しくて瞳孔を小さくします。瞳孔はカメラの絞りのような働きをしているわけです。

瞳孔は、外側の光だけでなく、内側の光＝感情にも反応します。

生まれてきたばかりの赤ちゃんや、小さな子供は、大きな黒目がキラキラ輝いています。これは、内側の光が目を通して外に出ている状態です。また、赤ちゃんや子供の目には外側の世界がキラキラ輝いて見えているので、興味と好奇心で外側の世界を探求していきたいという動機が生まれ、自ら体を使って冒険し、学習していきます。

ところが、学校に入学すると、それまでのように自由に動くことは許されず、机の前にじっとして、興味のない先生の授業を受けることを強いられます。これは、子供にとっては大人が想像する以上の苦痛でありストレスになります。

このあたりから、仮性近視になる子供たちが増えてくるのです。

目は興味のあるものに焦点を合わせ、興味のないものには焦点をぼかす働きをします。これがスコトーマを作り、仮性近視を起こす要因の一つにもなっているのです。

だからこそ大切なことは、「見たい！」という思いを内側から起こすことです。

そこで、視力改善を希望するクライアントさんの目の前に文字の書いた紙を用意しました。その紙の文字が見える位置から少し遠ざけて焦点が合わなくなる位置に移動します。

そして、「見たい！」と言いながら任脈を上げてもらいました。さらに、「見えたら嬉しい！」「見えてくる！　見えてくる！」と言いながら任脈を上げていきます。

すると、「あっ、本当に見えた！　嬉しい！」と叫びました。

同じようにして、少しずつ距離を伸ばしていきました。そうすると驚くことに、最初は1メートル位の位置でも見えなかったのが、どんどん見えるようになり、最後には5メートル先の文字まで見えるようになってしまったのでした。これには私も驚きました。

老眼の場合は、近くが見えない（見たくない）ということですね。では、一番近いものは何でしょうか？　それは、自分自身ですよね。

　そこで、自分の顔を鏡で見てもらおうとしたら、すごく抵抗をしました。鏡に映る自分の姿の醜いものばかりに焦点が当たっていたからです。

　そこで、自分の良いところに焦点を当ててもらうようにすることで、少しづつ抵抗が取れてきました。そうして、しっかり自分に直面できた時に、なんと老眼まで解消されてしまったのです。

　動画でもご紹介していますのでＱＲコードから是非ご覧ください。

第8章

# ハイパーエネルギー状態とスコトーマ

BRAIN UPDATE

## 「ハイパーエネルギー状態」はムリして頑張っている

日本では「頑張ってね！」「うん、頑張ります！」が日常の挨拶になっているほど、ほとんどの人が「頑張りモード」で生きています。

ここで「頑張っている状態とは何か」をブレイン・アップデート風に定義したいと思います。

**「頑張る」とはハイパーエネルギー状態**

「頑張る」とは、一言で言うと「**他者の期待に応える為に無理している状態**」のことです。

この状態ではメインスイッチである任脈・督脈のブレーカーがしまっています。

このため、発電所からの高圧電流（高次の自己と繋がったエネルギー）を取り込めず、緊急発電に切り替え、自分の燃料（アドレナリン）を使って発電することになります。

アドレナリンは、自分の体内で分泌する燃料のようなものであり、使い切ったら「強制シャットダウン」になり、燃え尽き症候群（うつや脳梗塞など）になるわけです。

「うつになった人に『頑張って！』という言葉は禁句」と言われる理由でもあります。すでに頑張り過ぎた結果としてうつやさまざまな生活習慣病になったわけです。これは体からのメッセージであり、「**頑張り過ぎの悪循環ループ**」を強制シャットダウンさせて、もう一度自分の人生を見つめ直して、人生の軌道修正をするためのプレゼントだったわけです。

それに気づかずに「職場のみんなに迷惑を掛けないように、早く元気になって仕事に復帰しなければいけない！」と頑張ることは、メッセージを無視していることになります。

さまざまな慢性的な病気で余命宣告されていた人が、今までの生き方をすべてリセットした時に奇跡の復活を遂げた話はたくさんあります。

反対に、医師の指示通りに闘病することで、何度

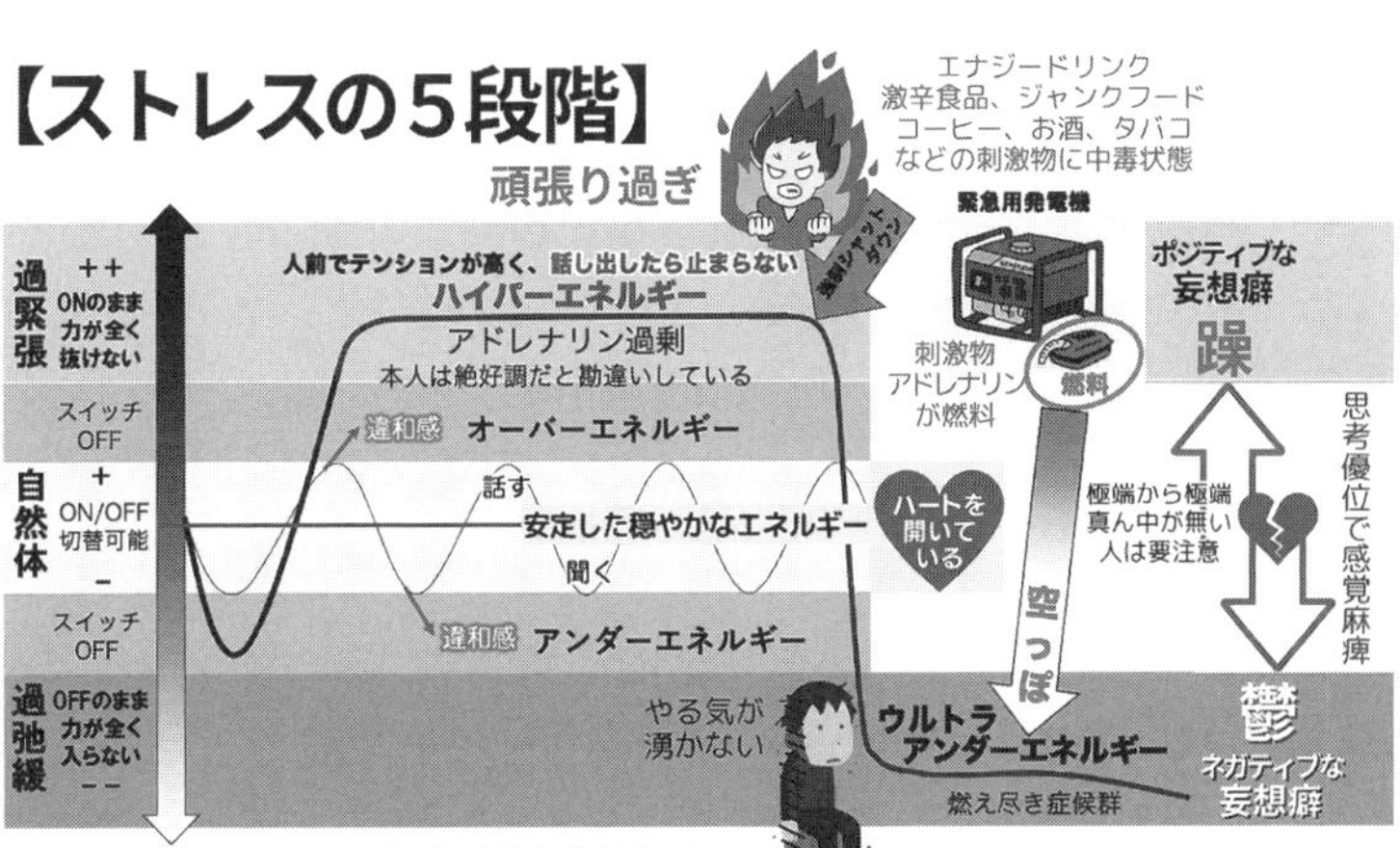

©2024 BRAIN UPDATE Shinji Tanaka

も再発した挙げ句に亡くなった例もたくさんあります。そして、そんなお医者さんも看護師さんも、みんな人のために自分を犠牲にして頑張っているわけです。

もうそろそろ、頑張り過ぎることで起きているスコトーマ（認識の盲点）に気づく必要があります。そのためには、頑張ることを終わらせることです。

そこで、「ブレイン・アップデート」が定義する「頑張る」とは、どういうことかを明確にしておきます。

## 「頑張る」とは

①自分の気持ちが乗っていないにも関わらず
（自分で選択していない：任脈が下がる）
②他の人の期待に応えることで注目や承認を得る為に無理している状態
（ストレス状態でアドレナリン過剰）
③「自分はありのままでは価値がない」という前提
（督脈のエネルギーが尾てい骨に止まって、背骨を上っていかない状態）
④「自分軸＝背骨を貫くエネルギー」がないため、外側の筋肉を硬直させた外骨格状態

（甲殻類のようにヨロイで武装した甲殻機動戦士）

⑤その結果、やる前よりも、やった後の方がエネルギーが下がり疲れてしまう

（燃え尽き症候群）

これに対して、

「頑張っている感覚がない」とは、どんな状態でしょう？

**「頑張っている感覚がない」とは**

任脈・督脈が正常に流れ自分軸がしっかりしている時の感覚です。

①自発的な興味や好奇心で新たな世界を探求する意欲があり、気持ちが乗っている状態

（自分で選択している：任脈が上がる）

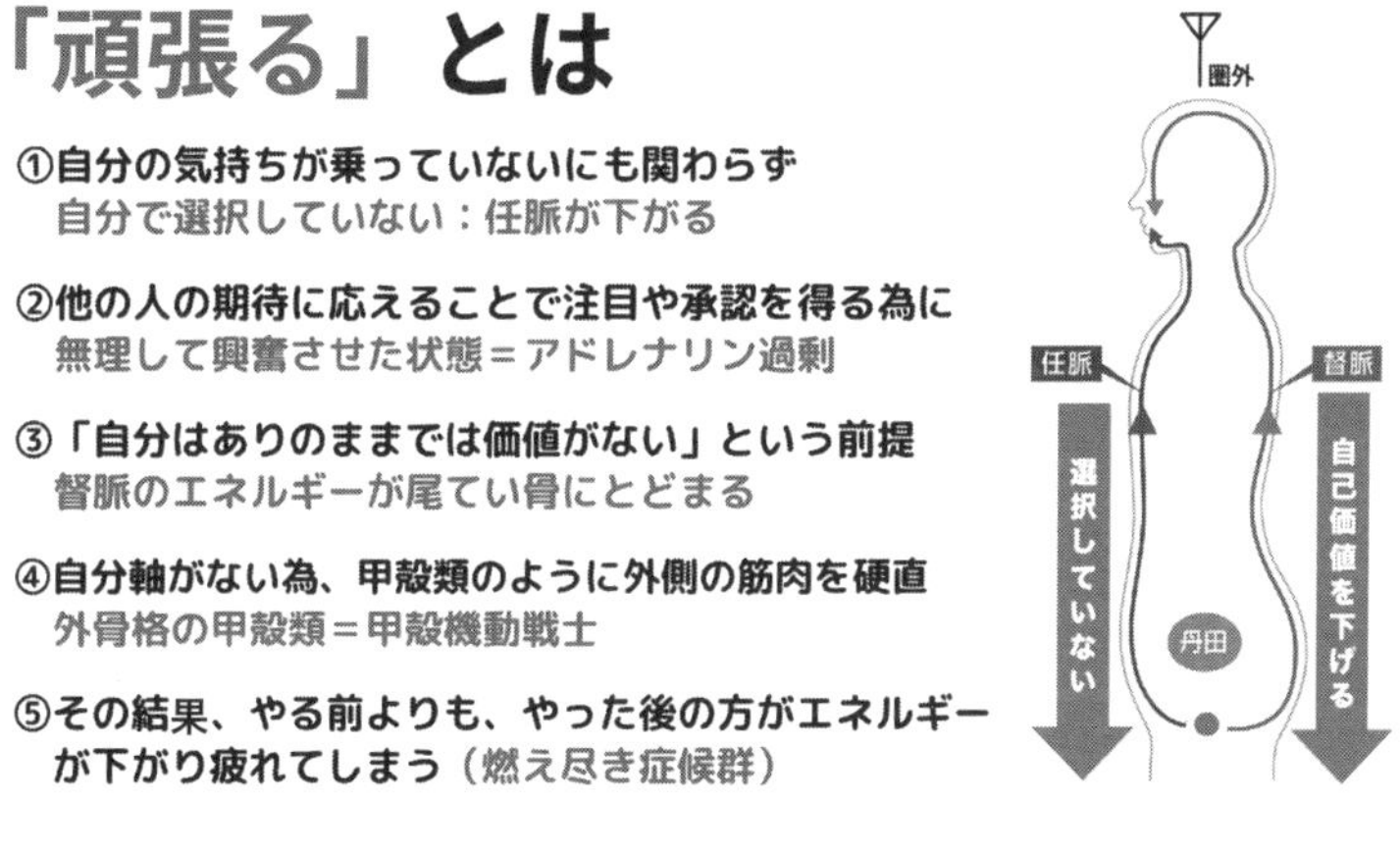
「頑張る」とは
①自分の気持ちが乗っていないにも関わらず
自分で選択していない：任脈が下がる
②他の人の期待に応えることで注目や承認を得る為に
無理して興奮させた状態＝アドレナリン過剰
③「自分はありのままでは価値がない」という前提
督脈のエネルギーが尾てい骨にとどまる
④自分軸がない為、甲殻類のように外側の筋肉を硬直
外骨格の甲殻類＝甲殻機動戦士
⑤その結果、やる前よりも、やった後の方がエネルギーが下がり疲れてしまう（燃え尽き症候群）
圏外
任脈
督脈
選択していない
自己価値を下げる
丹田

②他者の評価や結果を気にすることなく、純粋にやりたくてチャレンジしている状態
（適度なアドレナリンを分泌）
③「自分はありのままで価値がある」という前提がある為、自分軸があり
（督脈のエネルギーが尾骶骨から背骨を上昇している）
④リラックスした自然体で、表面の筋肉は柔らかくても、内側には芯が一本通っている状態
（幸せホルモン・オキシトシンを分泌）
④やればやるほど、エネルギーが循環し、尽きないエネルギーで進歩発展向上していく
スコトーマが外れて、新しい発見の連続に、楽しくイキイキとしている

## 「頑張ってる感覚がない」とは

①自分の気持ちが乗っていて
自分で選択している：任脈が上がる

②純粋にやりたくてやっている状態
適度なアドレナリンを分泌

③「自分はありのままで価値がある」という前提
督脈のエネルギーが尾てい骨から背骨を上昇

④リラックスした自然体で表面は柔らかいけれど、
内側には一本芯が通っている状態
幸せホルモン・オキシトシン分泌

⑤やる前よりも、やった後の方が元気になっている為
尽きないエネルギーで目的を達成できる状態

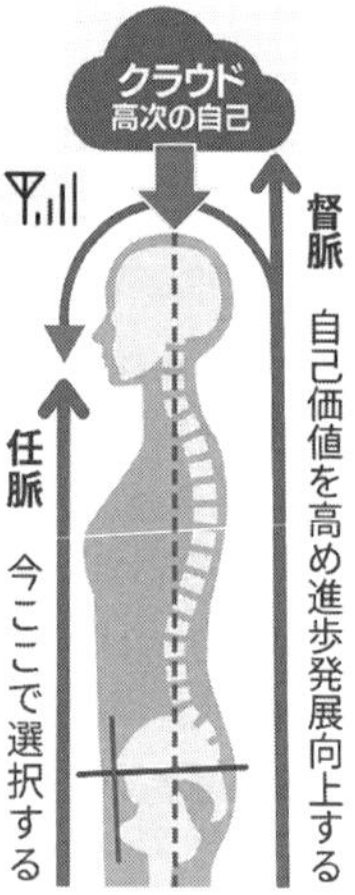

## 未来は自分で選択できる！

**「時間は過去から未来へ流れている」と思っていませんか？**
**実はこれも自分の能力を制限する大きなスコトーマです！**

従来の時間観では、時間は一方向に進行するものと捉えられており、過去から現在を通って未来へと続く一本の線として描かれてきました。この線形の時間観は、計画を立てる際の基盤となり、私たちが過去の経験から学び、未来に向けて行動するための枠組みを提供します。

### 過去記憶を生きる

人生を過去の記憶に縛られて生きるということは、過去のパターンをただ繰り返すということです。この視点では、過去の限界や不安、恐れといった偏った感情的記憶に基づいて、今起きていることを判断し、その延長線に未来を予測することになります。

この状態は、過去を未来に投影している状態であり、時限爆弾を未来へと投げ込んでいるようなものだと言えます。

これは、「どの角度から、どの強さで突いたのか？壁に入射角何度で衝突したことで、反射角何度で跳ね返って、どこに止まったのか？」ということをビリヤードの玉のような物理的な現象の因果関係を考えるには有効です。

人間をこの視点で見ると、物理的な肉体に限定することになります。交通事故の際に「どの方向から追突され、体にどの角度からどの程度の衝撃を受けたことで、どんな怪我を負ったのか」という感じです。

しかし、私たちには自由意志があります。外側からの要因だけでなく、自分自身の意識的な選択のことも考える必要があります。「むちうち症などの交通事故の後遺症は、保険が降りるまでは治らない」というのがその例です。

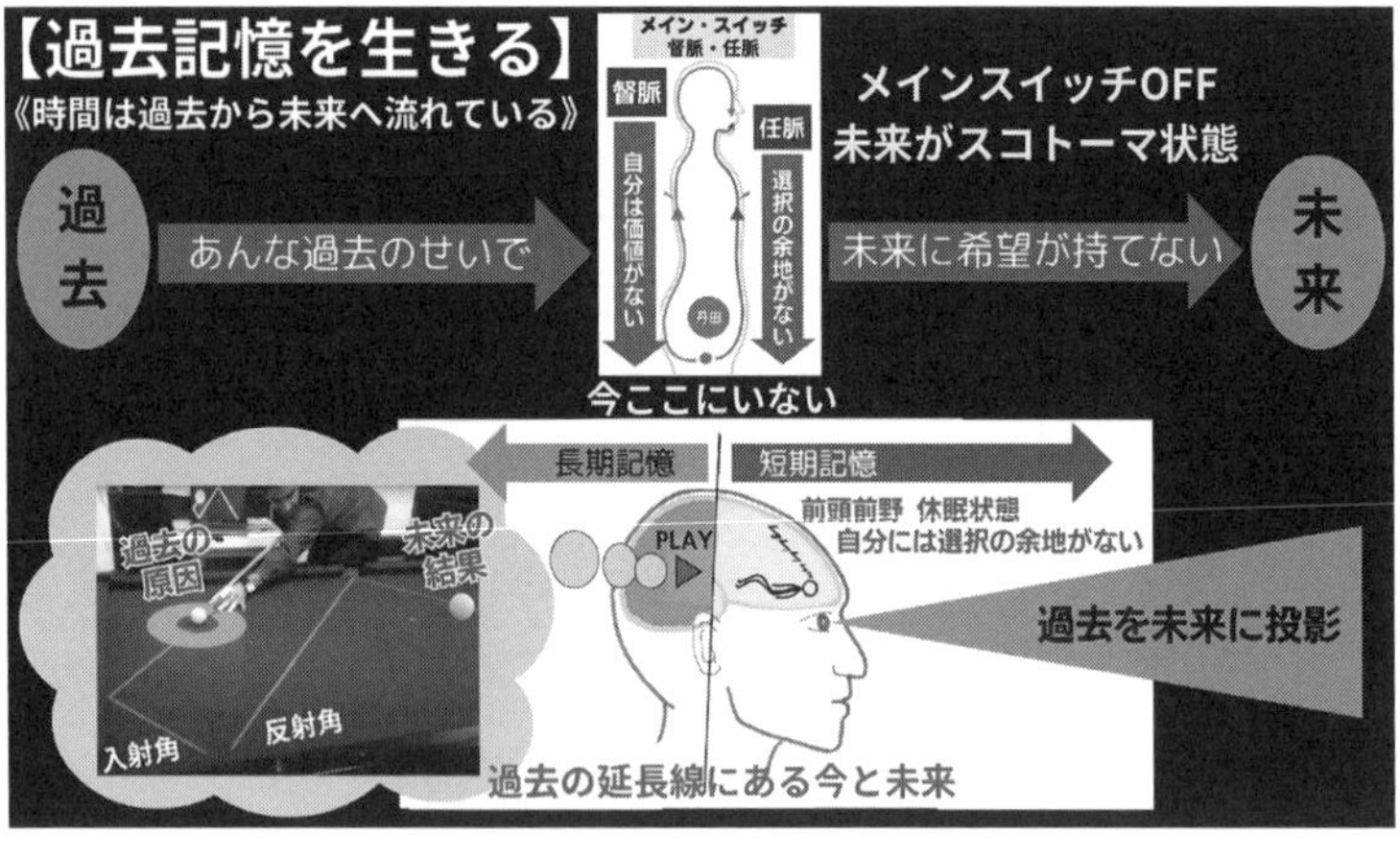

## 新しい視点：時間は未来から過去へ流れる

一方で、時間が未来から過去へ流れるという視点は、私たちが目指す未来のビジョンが現在の選択や行動に影響を与え、その結果として現実が形成されるというものです。

つまり、未来の可能性や設定したゴールが未来記憶となって、その未来記憶という抜けない杭を未来に打ち込むことで、それに引き寄せられるように、次々と新しい展開が始まるということです。

さらに、この視点は、未来が固定された運命ではなく、私たちの選択と行動によって自由に変えることができるという認識を強化します。つまり、私たちは**未来を予測するだけでなく、創造する存在である**という視点を提供するのです。

## 臨場感のある未来記憶を生きる

一方で、「**未来記憶を生きる**」という考え方は、時間の流れを逆手に取る方法です。

すべての物事には陰陽両面があります。一見ネガティブに見える出来事もポジティブな側面がスコトーマされているに過ぎません。

過去と同じように感情的な反応で爆弾を爆発させる代わりに、素早く雷管を引き抜いて、綺麗な包装紙で包んでリボンを掛け、未来に投げます。すると時限爆弾がサプライズ・プレゼントに変わります。

それでもしばらくの間は、上流に既にたくさん設置されてしまった時限爆弾が流れてきます。それを毎日毎日、毎瞬毎瞬、根気よく続けるのです。

そうしているうちに、上流にサプライズ・プレゼントばかりが設置された状態に次第になっていきます。そうなると、毎日が最高の驚きに満ちた日常に変わっていくわけです。

**「今現在」のことを英語では、「Present Time（プレゼント・タイム）」**と言います。

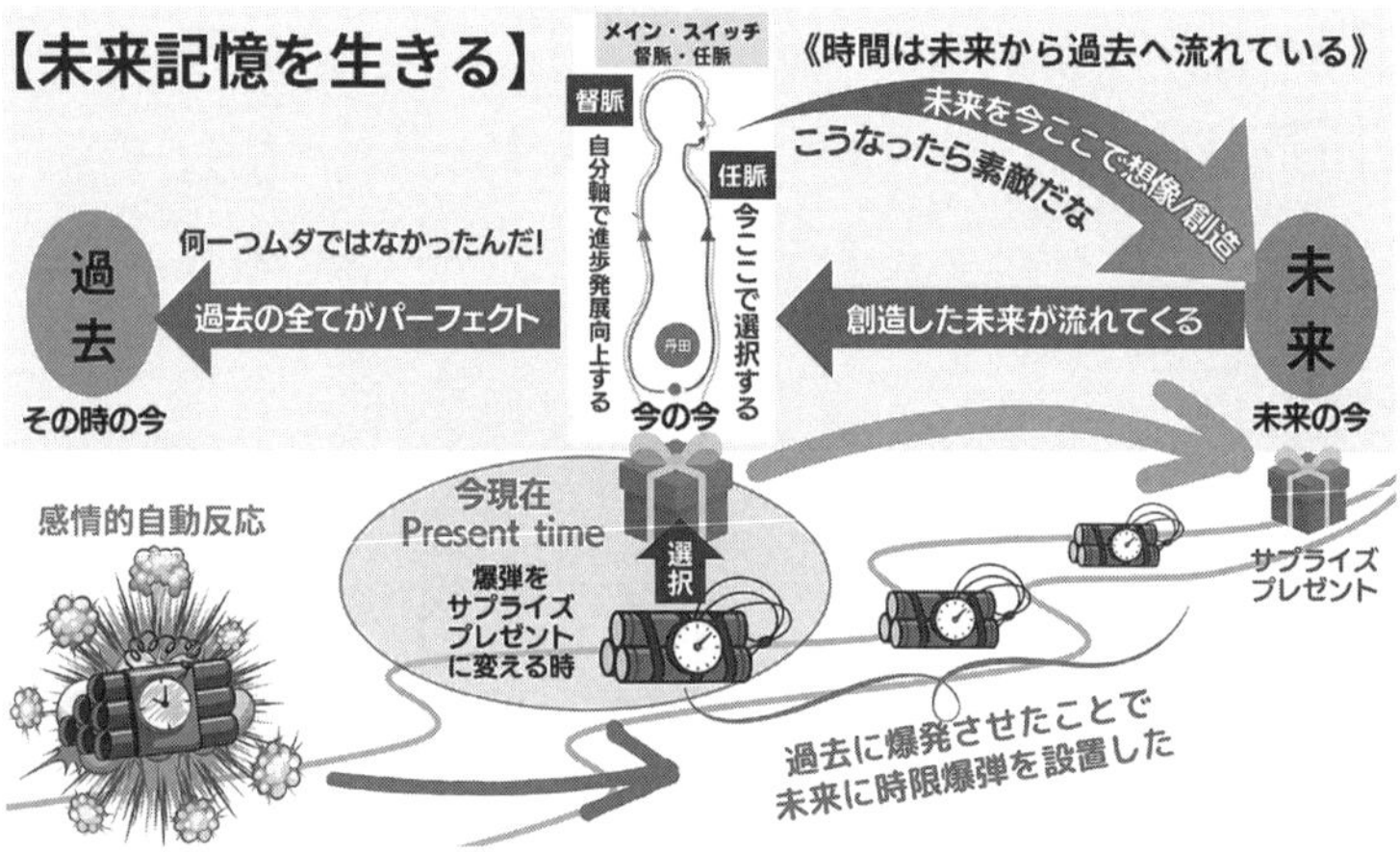

正にネガティブな視点に偏ることで、爆弾だと思って感情的に反応してきたものを、今ここで落ち着いてポジティブな視点で見直すことで、サプライズ・プレゼントに変えることこそが人間として最も大切なことだと言えます。

そして、その為にも「今ここで選択する」という、人間として最も大切なメインスイッチ「**任脈**」と、「**すべての価値を高めるために、尾てい骨から背骨をエネルギーが上昇させて進歩発展向上していく**」。

督脈を最優先で入れることを習慣化させることが大切です。

## 情報バブルの時代だからこそ、スコトーマが起きやすい！

現代社会は、情報バブルの時代です。

一説によると、現代人がスマホやパソコンから受け取る情報は、江戸時代の1年分、平安時代の一生分とも言われています。

テレビなどのマスコミ情報だけを鵜呑みにしているとスコトーマができます。そんな人にとっては、ネット情報を通して都市伝説や陰謀論を知ることで、スコトーマが外れた感覚がすることと思います。その情報を受け取った人が実際に体験して検証する前に、さらに受け売りの知識情報をＳＮＳやブログ、ＹｏｕＴｕｂｅで発信します。

この現象は、自分にとって都合の良い「**思い込みのストーリー**」を作り上げることに繋がります。その結果、見える世界が限られてしまうため、自分の「思い込みのストーリー」を変えなければ、認識する世界も変わらないということです。

このスコトーマと似たような現象に、「**エコーチェンバー**」と「**フィルターバブル**」があります。とくにＳＮＳの普及により、私たちは同じ考えや価値観を持つ人々との間で情報を共有しやすくなりました。これにより、「**エコーチェンバー**」が形成され、自分の考えを強化する情報だけが循環し、異なる視点や情報に触れる機会が減少しています。

また、「**フィルターバブル**」は、私たちの過去の検索履歴や好みに基づいて情報を選択し、提示するアルゴリズムによって生まれます。このため、ユーザーは自分が好む情報ばかりに囲まれ、多様な視点からの情報に触れることが難しくなってしまいます。

「ブレイン・アップデート」では、これらの現象を超えて、自分自身の認識を広げ、異なる意見や情報に積極的に触れることの重要性を強調しています。異なる視点に触れることで、自分のスコトーマを認識し、より豊かな世界観を持つことができます。これにより、固定された思考パターンを超え、新たな発見や学びを得ることが可能になります。また、異なる意見に触れることで、自分の考えを深め、成長する機会にも繋がります。

「ブレイン・アップデート」では、自己成長と社会との健全な関係構築のために、スコトーマの克服と、エコーチェンバー及びフィルターバブルの影響から脱却することを目指しています。自分と異なる意見や情報に意識的に触れることで、より包括的な視野を持ち、社会における理解と共感を深めることができるのです。

## スコトーマが外れるとシンプルになる！

インドを発祥とする寓話に「**群盲象を撫でる**」という言葉があります。

ある国の王様が盲人に一匹の象を触らせて、象とはなんだと尋ねます。

すると、それぞれがそれぞれの答えを言い出しました。

足を触った盲人は「柱のようです」と答えます。
尾を触った盲人は「綱のようです」と答えます。
鼻を触った盲人は「蛇のようです」と答えます。
耳を触った盲人は「扇のようです」と答えます。
腹を触った盲人は「壁のようです」と答えます。
牙を触った盲人は「槍のようです」と答えました。

全く同じ一匹の象であるにも関わらず、人によって、全く違ったものになってしまいます。これが正に現代の情報社会で現代人がスコトーマ状態の群盲になっていることを象徴しているのではないでしょうか?

さまざまな自己啓発やコーチングなどの本が出版され、情報がネット上で蔓延していますので、本書でお伝えしている理論的な部分は、既にご承知の方も多くいらっしゃ

ると思います。

また、任脈・督脈をはじめとした14経絡のことは鍼灸師やキネシオロジーを学んでいる人なら誰もが知っていることだと思います。スコトーマされた状態で、象に触れるのと、象そのものになって象の世界を体験するのとでは全く違います。

私も、これまでキネシオロジーの分野だけでも数多くのテクニックを身につけて使いこなしてきました。しかし、専門家だけでなく、一般の子供から大人まで、誰もが簡単にできて劇的な効果のあるものを絞り込むために、余分なものを削ぎ落とし、削ぎ落としていった結果究極にシンプルな方法に辿り着いたのです。

それは、**「現状の外側にゴールを設定＝天命・志を明確にした上で、任脈・督脈を上げる」**ということだけで、コンフォートゾーンを広げ、劇的な変容を起こすことができるのだということです。

このことは、多くの人にとってスコトーマされていることなのだと思います。

その結果、私の講座やセッションでは、「奇跡が起きるのが当たり前」となっています。

第9章

# 前頭前野の活性化とアンカーリング

BRAIN UPDATE

# 前頭前野を活性化させる

私たちの心と体は、複雑で精巧に設計されたシステムのようなものです。間脳視床下部を働かせ、高次の自己と繋がるためには、まず肉体次元の右脳と左脳を統合する必要があります。

この章では、肉体次元の最高司令塔である前頭前野を活性化し、私たちの感情調節と意思決定の能力を高める、キネシオロジーからのシンプルで革新的なアプローチについて探ります。

## 扁桃体と前頭前野―脳のバランスを理解する

脳の扁桃体と前頭前野は、感情と行動の調節において中心的な役割を果たします。扁桃体は私たちの感情的な反応や生存本能を担い、危険を察知し反応を促す「鬼軍曹」のような役割を果たします。これに対して前頭前野は、長期的な計画や戦略的思考を担い、より冷静で合理的な判断を下す「最高司令官」の役割を担います。

## キネシオロジーによる前頭前野の活性化による感情解放メソッド（ＥＳＲ＝エモーショナル・ストレス・リリース）

脳科学では、扁桃体と前頭前野のバランスが人間の感情調節、意思決定、ストレス対応において重要であることが認められていますが、このような直接的かつ実践的な方法が提案されることは少ないのが現状です。

ところがキネシオロジーの世界では、１９６０年代から前頭前野を活性化するための驚くほどシンプルな方法が提案されています。その方法は、**額に触れることと深呼吸を組み合わせること**です。この方法は、前頭前野への血流を促進し、リラクゼーション効果も促進します。リラクゼーションは、感情の調節やストレス対応の改善に直接的に寄与します。世界１１２カ国以上で半世紀以上にわたって、すでに実証済みのこの方法を是非お試し

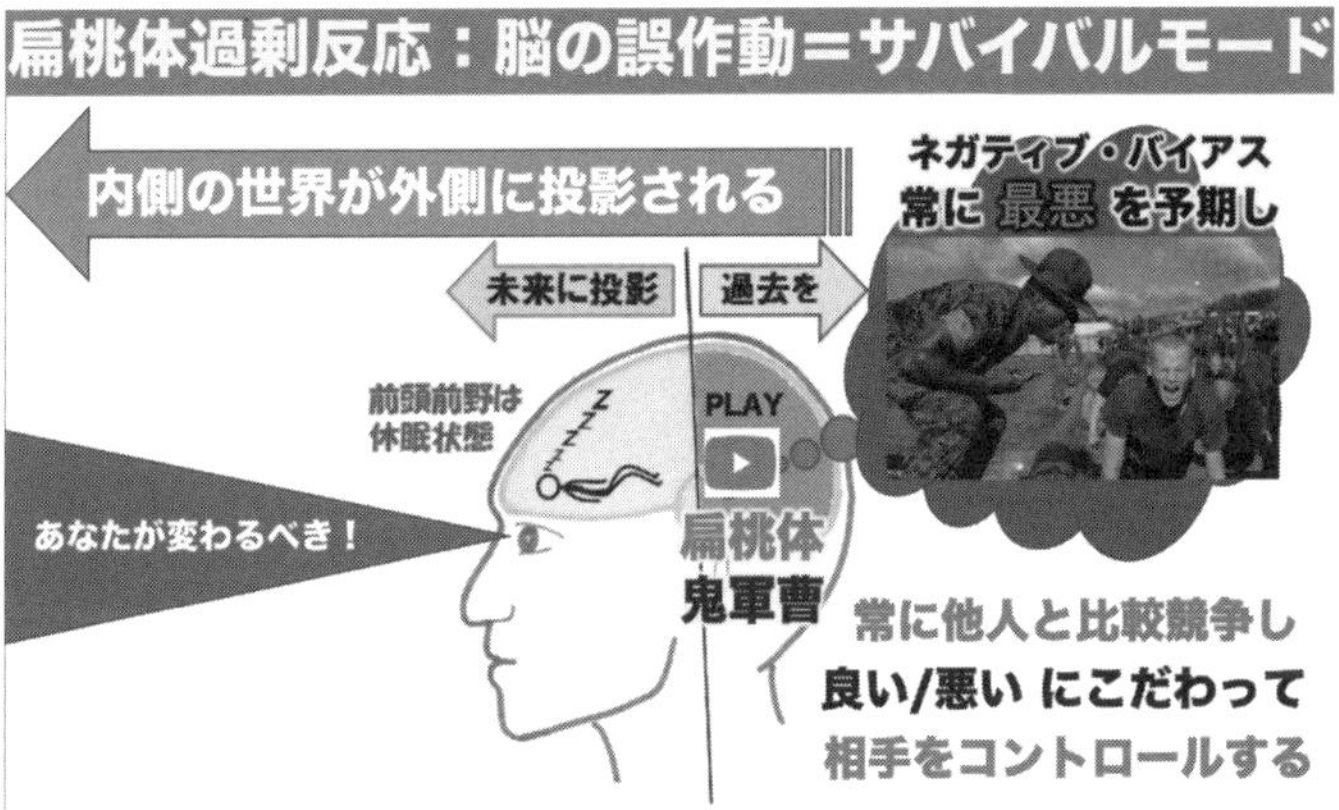
扁桃体過剰反応：脳の誤作動＝サバイバルモード
内側の世界が外側に投影される
ネガティブ・バイアス
常に 最悪 を予期し
未来に投影
過去を
前頭前野は
休眠状態
PLAY
あなたが変わるべき！
扁桃体
鬼軍曹
常に他人と比較競争し
良い/悪い にこだわって
相手をコントロールする

ください。

## 日常生活への応用

この手法は日常生活に簡単に取り入れることができます。ストレスを感じたり、感情が高ぶった時に、短い時間を取って額に手を当て、数回の深い呼吸をするだけです。これにより、脳はリラックスし、冷静で理性的な判断ができるようになります。

## セルフケア能力の向上

前頭前野の活性化は、単にストレスを軽減するだけでなく、より深い自己認識とセルフケア能力の向上にも繋がります。これにより、私たちは日々の挑戦に対してより効果的に対応し、人生においてより賢明な選択をすることができるようになります。

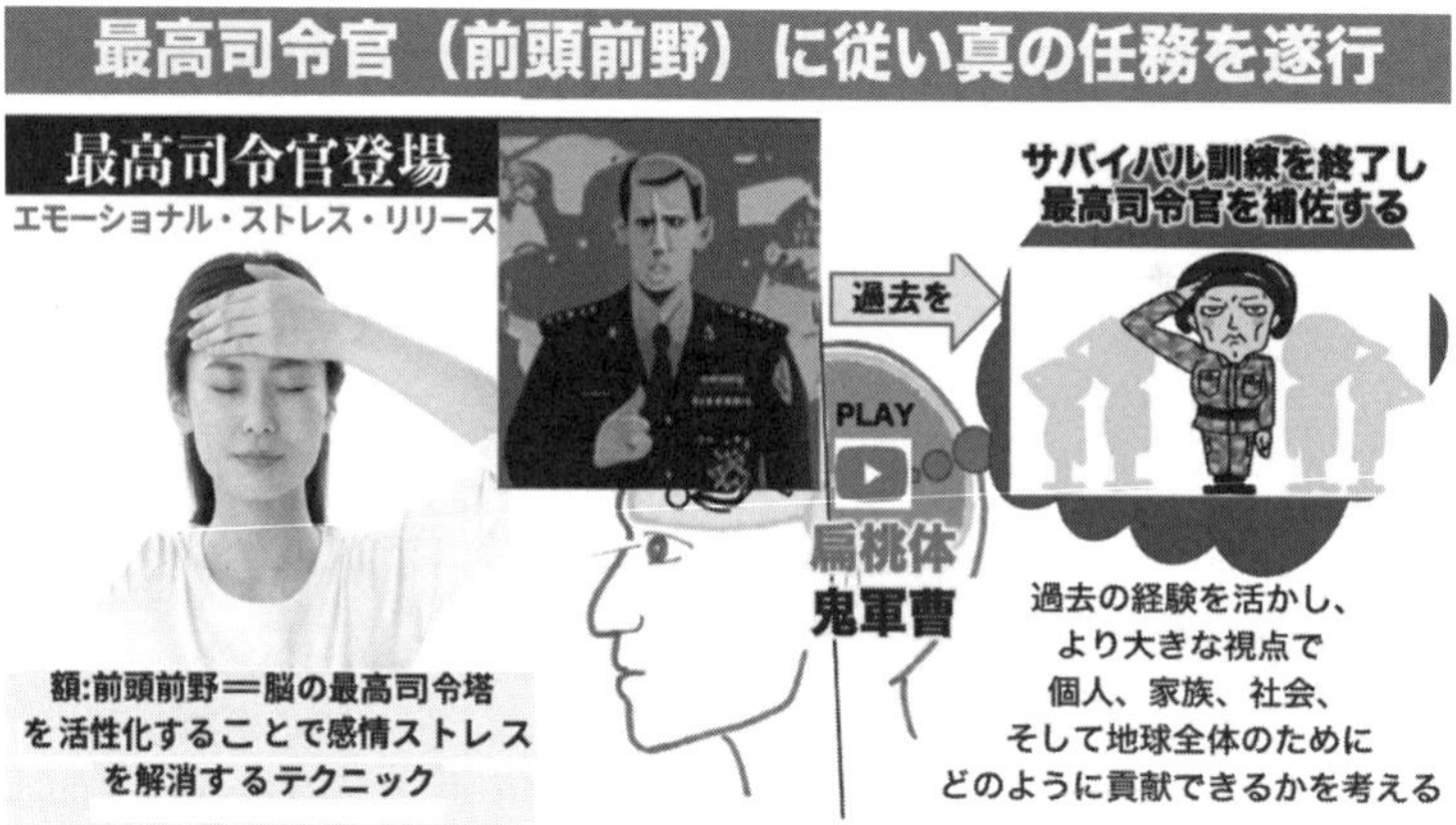
最高司令官（前頭前野）に従い真の任務を遂行
最高司令官登場
エモーショナル・ストレス・リリース
過去を
PLAY
扁桃体
鬼軍曹
サバイバル訓練を終了し
最高司令官を補佐する
過去の経験を活かし、
より大きな視点で
個人、家族、社会、
そして地球全体のために
どのように貢献できるかを考える
額:前頭前野＝脳の最高司令塔
を活性化することで感情ストレス
を解消するテクニック

この章では、脳科学の知見とキネシオロジーのアプローチを融合させ、私たちの生体コンピューターとしての能力を最大限に引き出す方法を探ります。セルフケア能力を高め、新しい自己発見の旅へと一歩踏み出しましょう。

## エモーショナル・ストレス・リリース（ESR）とイメージワークの併用

ESR（額に触れて深呼吸する）というシンプルな方法に、イメージワークを併用すると、更に効果的になります。イメージワークには、さまざまなバリエーションがありますので、自分の直感を信頼して、いろいろな方法を試してみてください。

一例として、二つのワークの仕方を紹介します。

### イメージワーク１：過去の記憶を、スマホの中の記録動画として書き換える

私たちが強烈な感情ストレスに晒されると、その時の状況と感情と身体の反応が合金のように融合してしまいます。すると、その時以来、少しでも似たような状況になると同じ

感情ストレスが浮上し、同じ身体反応をしてしまうプログラムができてしまいます。

そのような時には、感情に圧倒され、まるで映画を巨大なスクリーンとサラウンド・スピーカーの迫力ある映画や、ヴァーチャル・リアリティーのゴーグルとヘッドフォンをつけているような状態になって、自分という存在が無力で小さく感じてしまうものです。

そこで、その時の記憶をスマートフォンの中に記録された動画を見るようなイメージで、ＥＳＲ（額に触れて深呼吸）しながら再生していきます。

以下の詳しい手順に従ってやってみてください。
①テーマを明確にする：あなたが解消したいと思っているストレスを感じる場面、苦手な人、過去の

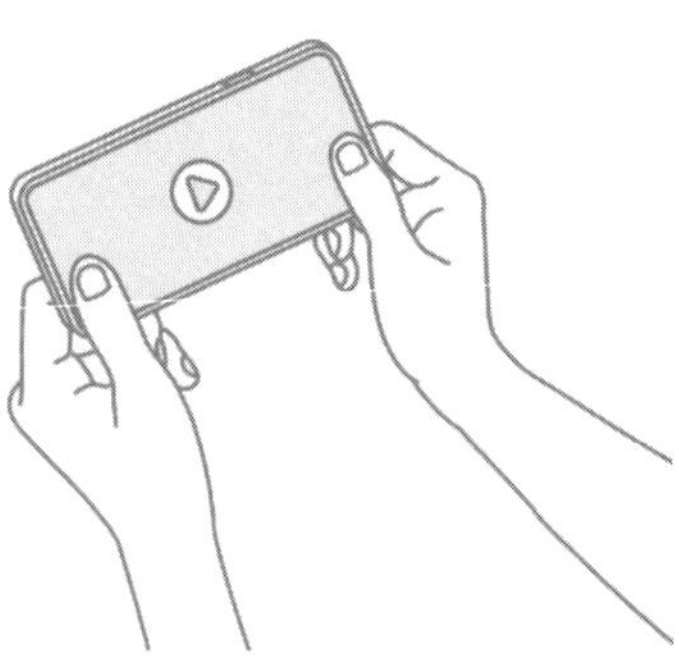
過去のネガティブな記憶を
スマホの中に記録されている動画
に見立てて再生する

トラウマなどを思い浮かべます。

②その時、身体の感覚を感じます。身体を左右・前後・上下に動かしたり、他の人から軽く押してもらって、何もイメージしていない時と比べると、ストレスになることをイメージした時は、身体が不安定になりグラつくのを確認しておいてください。

③スマホの中に記録されているネガティブな映像を額に触れたまま深呼吸をしながら観察していきます。

④一通り見終わったら、関連動画として、似たような場面の記録動画を過去まで遡って順番に見ていきます。

⑤思いつく限り一番古い記憶を見終わったら、部屋の中の明るい光を見ながら眉間から背中に光を取り込んでいきます。それと共に、スマホの記録動画の中にも光が入り込んでいき、映像が白ボケしていくイメージをします。

⑥スマホの動画を再生して見直します。ネガティブな感情が解放されていることでしょう。動画のメモリーをドラッグしてゴミ箱に捨て、ゴミ箱も空にします。

⑦同じ状況で適切に振る舞えるようになるアプリがあると想定し、空きメモリーができたところに、ダウンロードし起動させます。

⑧動画を再生し、同じ状況で適切に行動できている自分を映像で見ます。
その自分がどんどん成長し、今現在の自分と一つになるのをイメージします。
⑨未来（3ヶ月後、1年後、3年後など）に進んで、「新しい自分は、どこにいて、誰と何をしているのか？　その時の自分は何を考え、どんな感情か」をありありと思い描き、全身にその感覚を広げていきます。

## イメージワーク2：痛みを視覚化し、変容させる

漠然とした悩みや苦痛を具体的に形があるものに視覚化し、解消していきます。

①その苦痛や悩みに形があるとしたら、どんな形や素材ですか？
硬い岩盤のような感じですか、それとも柔らかいコールタールのようなものですか？
②色があるとしたら、どんな色ですか？
③もし、何でもできるとしたら、どうしたいですか？
取り除きますか？　それとも爆破させますか？
④必要な道具はありますか？

例えば、掃除機ですか？　ダイナマイトですか？　レーザー光線ですか？
⑤では、それを使ってみてください。どうなりましたか？
という形で、相手が満足するまで続けてください。

この時大切なポイントは、こちらがヒントを出したとしても、本人が選択して行うこと。

そして本人が満足し納得するまで続けることです。

## イメージワーク３：子供の頃の傷ついた自分を今の自分が慰める

サーカスの象の話を知ってますか？

大人のオスの象ともなれば５トン近い巨体であり、ストレスが溜まった象が暴れだして、そこらじゅうをなぎ倒してしまったり、ということも簡単にできてしまう。ちっぽけな人間から見たら、とても制御できるような動物ではないはずです。

にも関わらず、サーカス団の象は片足に鎖を繋いでいるだけで、逃げることがないのだそうです。鎖そのものを引きちぎることはできないまでも、その鎖が繋いである杭や木造の建物などは、本来軽々と引き抜いちゃったりできるはずなのに……。

なぜでしょうか？

それは、まだ鎖を引きちぎることができない幼少の頃から、サーカス団で飼われ、その頃から鎖につながれることを「習慣」として植え付けられてしまっているからなのです。幼い頃に、なんとか「逃げてやろう」と思って鎖を引っ張ってみるけど、その年齢の力では残念ながらできない。それを繰り返すことによって、象の潜在意識に『この鎖は切れないもの。やっても無駄』という「固定観念」が確立されてしまって、立派に成長し、鎖を軽々と引きちぎれるようになってからも、その「固定観念」を突破することはない、というお話です。

私たち人間も同じです。扁桃体は過去の小さな子供の頃の痛みを思い出させ、生き延びるためにあなたを鎖に繋いでいます。しかし、額に触れるだけで、前頭前野があなたが既に大きく成長した大人であることを思い出させてくれます。

額に触れながら、子供時代の一人で悩んでいる自分の元に今の自分が行って、優しく寄り添って上げてください。そして子供の自分の話を聞いて慰めてあげてください。優しくハグをして、その子が癒され成長していくのを感じながら、今の大人の自分と一体化するのを感じてください。

### イメージワーク４：肉体的な痛みがある場所と額を繋ぐ

肉体的な痛みがある場合は、痛みがある場所に片手で優しく触れ、もう片方の手を額に触れることで、痛みが額を通して天に吸い込まれて消えていくイメージをしていきます。

また、イメージワーク１～３でお伝えした方法を併用するのも効果的です。

## すべての問題を解くカギは、トーラス・エネルギーにある！

### トーラス：宇宙の形と自然界の基本構造

トーラスは、ドーナツ型の幾何学的構造であり、エネルギーの流れが特定のパターンで循環する自然界の基本的な形の一つです。これは宇宙の構造や生命の本質を理解する鍵を握るとされ、多様な文化や科学的理論でその形状が見出されています。

### トーラスと古代シンボル

トーラスは、ウロボロスの蛇、メビウスの帯、陰陽太極図といった古代からのシンボルにもその形を見て取ることができます。これらのシンボルは、無限の循環や相互依存の概念を表し、トーラスが描くエネルギーの循環と密接に関連しています。

これらはすべて、生命や宇宙の基本的なトーラス構造を示唆しており、自然界の統一性や相互接続性を象徴しています。

近代科学においても、トーラス形状は重要な意味を持ちます。とくに、物理学や宇宙学でこの形状が観察され、宇宙の大規模な構造やブラックホールの周りのエネルギーの流れを説明するのに役立っています。

また、生物学においても、細胞や個体の成長パターンにトーラス形状の影響が見られることが指摘されています。この事実は、すべてがフラクタルであり、繋がっていることを示唆しています。

## トーラスとワンネス

ワンネス（一体感）とは、人が直面するさまざまな問題や課題を乗り越え、新たな現実へと進化するプロセスです。この変化の中で、人々は人間関係が改善し、仕事、金銭、時間の管理がスムーズになることを体験します。これは、人々の内なる深い愛が目覚め、執着や負の感情を手放し、人生の責任を自身の内側に見出すことで達成されます。ワンネスへの到達は、世界を愛に満ちた至福の状態へと導きます。

人類はワンネスの体験を通じて、さらなる次元への進化を遂げます。これは「繁栄しかない法則」の世界、つまりトーラスの原理に基づいた繁栄が循環し続ける次元です。トーラス構造は、りんご、微生物、地球の磁場、人間、動物、竜巻、さらには惑星や銀河系に至るまで、あらゆる規模で自然界の基本構造を形成しています。トーラスは、宇宙が繁栄し拡大するための根本的なエネルギーシステムを示しています。

## トーラスとブレイン・アップデート

「ブレイン・アップデート」では、「**私＝自我中心**」

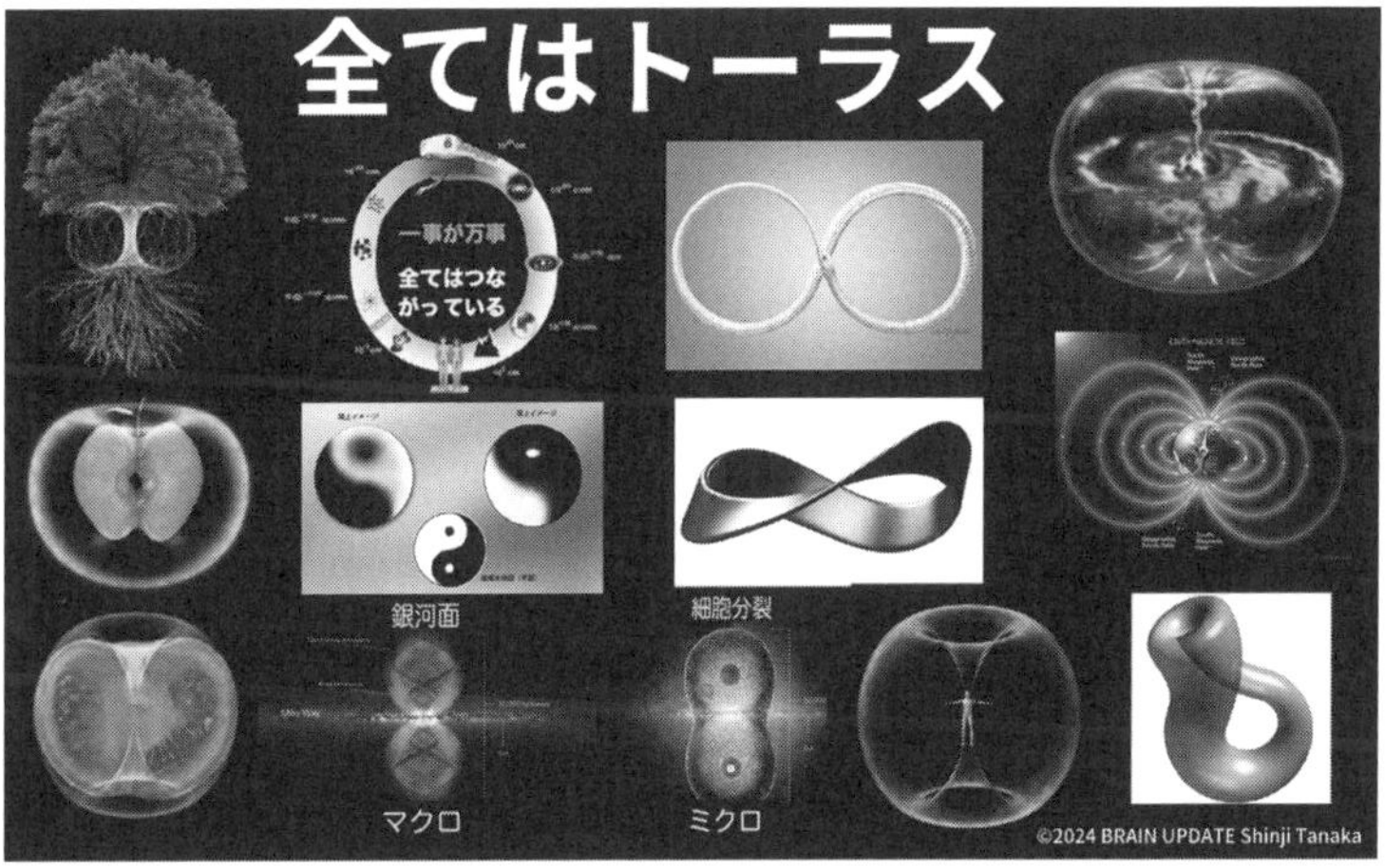

の視点から脱却し、「**和多志《わたし》＝真我**」の視点を取り戻すことを目指します。

これは、「自分自身が自己の宇宙の中核である」という認識を超え、「**自分はすべてと一体であり、その一部である**」という理解に基づいています。この視点から、個人は自己だけでなく、周囲の世界との深い繋がりを再認識し、より調和的で包括的な現実の創造に関与することができます。

この視点を取り戻すことで、個人は自己と外の世界との関係性を根本から変え、より協調的で包括的なアプローチを取ることが可能になります。これは、個人だけでなく、社会や環境に対しても肯定的な変化をもたらす力があります。すべてとの繋がりを深く理解することで、よりバランスの取れた、持続可能な生き方へと導かれます。

トーラスの概念は、和多志の視点と深く共鳴します。トーラスが示すエネルギーの循環は、個と全体との間の無限の相互作用を象徴しています。ブレイン・アップデートを通じて和多志の視点を取り戻すことで、この循環的なエネルギーの流れを自身の内外に実現し、個人としてだけでなく、全体の一部としての役割を果たすことができます。

次の章では、トーラスと和多志の感覚を体感するための「ブレイン・アップデート六方拝」をご紹介します。

## ブレイン・アップデート六方拝

ブレイン・アップデート六方拝は、自己と宇宙の深いつながりを感じるための実践です。各方向への感謝を通じて、私たちは自分自身を超えた大きな全体への一体感を体験し、その認識を深めることができます。

この実践は、心身の健康、精神的な充実感、そして人生における深い満足感をもたらす可能性を秘めています。

**《ブレイン・アップデート六方拝の手順》**

東西南北の方位をコンパスかスマートフォンであらかじめ調べておいてください。

そして、以下の手順で、感謝の祈りを捧げていきます。

**東：両親・先祖への感謝**

両親や先祖から受け継いだ命、価値観、文化、そして生きる力への感謝を表します。自分の存在の根源への敬意と感謝の念を捧げます。

2人の両親から始まり、4人の祖父母、8人の祖祖父母というように倍々ゲームの累計をしていくと、7代目（約175年）まで遡っただけでも、先祖の数は254人になります。10代目（約250年）で2046名、20代目（約500年）で209万7150人、30代目（約750年）には21億4748万3646人で20億人を超えます。

この数字は、過去に遡っても全く血の繋がりがない人がくっついて、子供が産まれた場合の数字です。ですから実際は、過去に遡ると、人々は限られた地域コミュニティ内で結婚し、多くの場合、親族間での結婚が行われていました。これにより、同じ個人が複数の先祖として数えられることがあります。

「ブレイン・アップデート」の実践の一環として、私たちは先祖への感謝の祈りを捧げます。この行いには深い意義があります。歴史を通じて、私たちの先祖は戦争、天変地異、疫病、飢餓など、数え切れない困難に直面してきました。それにも関わらず、彼らは子孫を残し、私たちの存在を可能にしました。もし彼らのうち一人でも苦難によって子孫を残す前に亡くなっていたら、私たちは今ここに存在していないかもしれません。

さらに、血縁の重複を考えることで、私たちは自分自身が広い意味での人間共同体の一員であることを理解することができます。私たちの遠い先祖が共有されている可能性が高く、その意味では、私たちは遠い親戚やいとこといった関係性を持つことになります。この事実は、私たちが孤立した存在ではなく、過去と現在の人類の継続的なストーリーの一部であることを示しています。

「ブレイン・アップデート」では、このような視点を持つことで、自分自身をより広い人間の繋がりの中に位置づけ、感謝と共感の心を深めることができます。先祖への感謝と敬意は、私たち自身の人生をより深く理解し、未来に向かって進む力を与えてくれます。

**西：家族・子孫への感謝**

意義：背中に両親・先祖からの生命の流

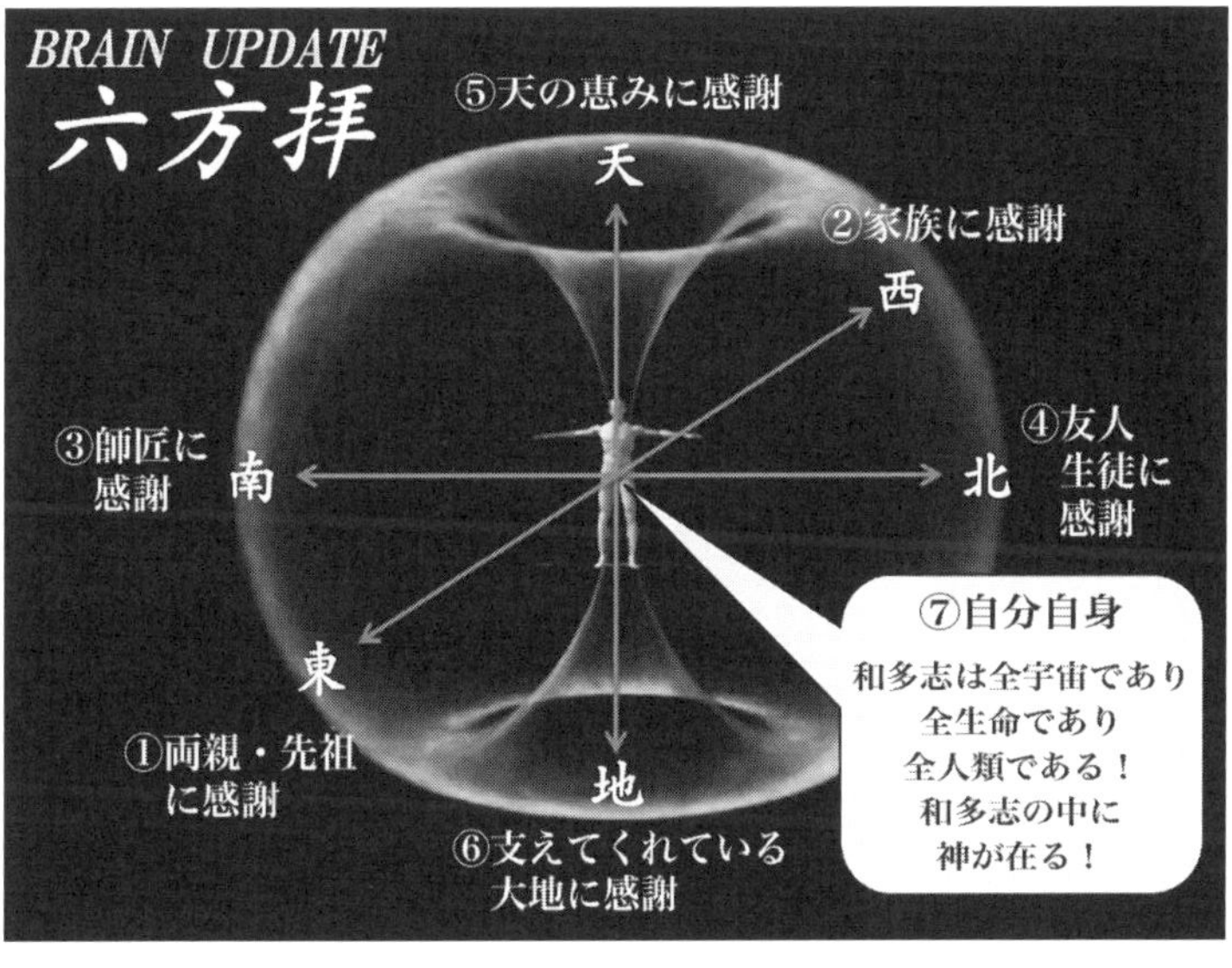

れを感じながら、正面には兄弟姉妹、家族、そして未来の子孫へと続く生命の大河の中心に自分が存在しているのを感じ、その絆と愛情を示し、彼らの幸福と繁栄への願いを込めます。家族との深い繋がりを認識し、その支援と愛に感謝します。

**南：師匠・先生への感謝**

意義：自分を育て、導いてくれた師匠や先生、そして先達《せんだつ》への敬意と感謝を表します。知識、智慧、そして人生の指針を提供してくれたすべての人への感謝です。

**北：学びの仲間への感謝**

意義：学びを共にする仲間、クライアント、生徒、弟子への感謝を示します。彼らとの出会いがもたらす成長の機会と、相互に学び合う関係性への感謝です。

**天：天の恵みへの感謝**

意義：自然界からの恵み、生命を育む太陽光、雨、そして試練を通して学びと成長を促す天の意志への感謝を表します。宇宙の法則と調和し、その一部であることを認識します。

**地：大地と微生物への感謝**

意義：自分を物理的に支え、生命を育む大地、土壌菌、常在菌、腸内細菌への感謝を示します。自然界との深い繋がりと、地球上での生命の維持に寄与する微生物への敬意を表します。

**身体：自分の肉体への感謝**

意義：この度、この肉体を持って生まれてきたからこそ、体験し、感じることができるすべてに対して感謝します。身体は宇宙を体験するための器であり、その健康と機能への感謝を捧げます。

**和多志：真我への感謝**

意義：肉体を超えて無限に広がる真我への感謝をします。

究極の言霊を通して、極大から極小まですべてが繋がり、一体である和多志への感謝を表します。この宇宙的な一体感への深い認識と、それを通じた生命の尊厳への敬意を示します。

**《究極の言霊》**

**和多志は全宇宙であり、全生命であり、全人類である**

**和多志の外に大いなる宇宙（神）があるのと同じように**

**和多志の内にも大いなる宇宙（神）がある**
**私はあなた、あなたは私　すべては繋がって一つである**

## アンカリング

この言霊を唱えた後に、一番心地良さを感じている体の部位に優しく左手を触れます。

《アンカリング》

「**わたしは、いつでも、どんな状況の中でも**
**今と同じように、この場所に左手をそっと触れるだけで、**
**今のこの感覚を呼び覚ますことができます**」

＊アンカリングは、日常生活で私たちが目指す精神的な安定や、目標達成を強力にアシストしてくれます。アンカリングとは、特定の心理状態を引き出すために特定の刺激を利用するテクニックです。英語で「anchor」とは「錨《いかり》」を意味し、「anchoring」は、船を錨で繋ぎ止める行為を指します。「アンカリング」という言葉が心理学の用語として用いられるようになったのは、ある心理状態を「錨」のように固定し、必要に応じてその状態を再現できるようにするという技法のためです。

このコンセプトを理解するために、スポーツの世界で見られる「ルーティーン」の例が役立ちます。例えば、野球のイチロー選手は、バッターボックスに立つ際にいつも同じ動作を繰り返すことで有名です。彼の特徴的な動作、「イチローポーズ」として知られるバットを垂直に持ち上げる姿勢、ゴルフスイングのようなバットの一振り、屈伸運動、バッターボックスへの右足からの入場などがそれにあたります。これらのルーティーンは、彼が集中力を高め、一貫して高い成績を維持するのを助けています。

このアンカリングのテクニックは、スポーツ選手だけでなく、ビジネスの世界においても非常に有効です。例えば「親指を握ると仕事に集中できる」「深呼吸を３回するとリラックスできる」といった、自分だけのアンカリングを持つことによって、日々の体調や気分に左右されることなく、常に一貫したパフォーマンスを発揮することが可能になります。

## アンカリングの効果を試してみましょう

アンカリングまでが終わったら、ゆっくりと意識を「今ここ」に戻していきましょう。そして、目を開けた後に、アンカリングの効果を試してみましょう！

試しに、何か日常のストレスになる場面を思い出してください。

すると、すべてと繋がった感覚が一気に現実に引き戻される感覚になることでしょう。

でも、そんな時にこそ、落ち着いて、目を閉じて自分の内側に集中して、左手をアンカリングした場所に触れて深呼吸します。

いかがですか？　また、あの心地良い、すべてと一つに繋がった感覚に戻ってこれたら成功です。


毎日、「**BU六方拝**」を朝晩行うことを習慣化してみてください。さらに、これらのワークをやった直後に、「あなたの夢や志」をノートに記録することを習慣化することで、あなたの夢の現実化が、どんどん加速していくことになるでしょう。

とはいえ、「一人でやっていても、なかなか継続できない」という人も多いのではないでしょうか？

そこで、ブレイン・アップデート オンライン・サロンでは、毎日朝と夜のワークを行っています。

朝：「高次の自己とつながる誘導瞑想」＆「夢・志ノート」

夜：「BU六方拝」＆「夢・志ノート」

同じ志を持って切磋琢磨し合える同志が居ることは、とても心強いサポートになります。

「ブレイン・アップデート」の本講座を卒業し、認定されたファシリテーターが担当しますので、安心してご参加ください。また、ブレイン・アップデートに関する質疑応答や、その時の参加者に応じて、ミニ・セッションを体験できるかもしれません。まずは、気軽にご参加ください。

「ブレイン・アップデート六方拝」は、今から8年前にＹｏｕＴｕｂｅで公開し、以来実践した人から「奇跡が起きました！」というお礼のメッセージを世界中から数多くいただいています。

ＱＲコードから動画の音声を聴きながら実践してみてください。

第10章

# 「感情の振り子」とブレイン・アップデートの体験的アプローチ

BRAIN UPDATE

## 「感情の振り子」二極化した感情のエネルギー

「感情の振り子」の図は、感情が二極化した状態を示します。

この感情の振り子は、「ポジティブな感情」と「ネガティブな感情」の間の動きを表現し、個人がどのように感情に極端に振り回されるかを示しています。二極化した感情のエネルギーの中でも、左側に「被食＝逃走」⇅「捕食＝闘争」を右側に相対的に配置しています。

①「羞恥心・劣等感」⇅②「プライド・優越感」
③「罪悪感」⇅④「怒り・正義感」
⑤「無気力」⇅⑥「欲望」
⑦「深い悲しみ」⇅⑧「失う恐れ」

という形で、相対的な状態がわかるよう配置しました。

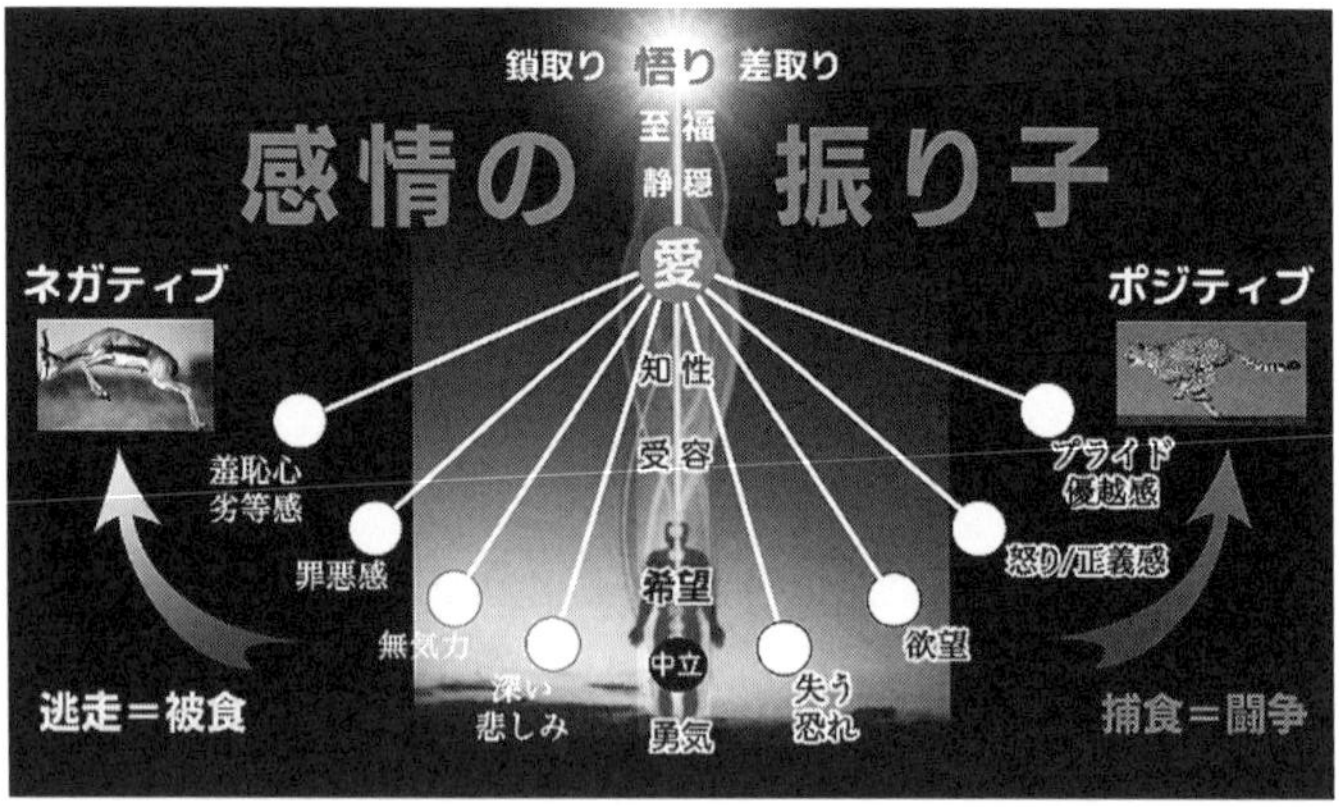

## 二極化した感情の振り子を止め、ZERO化することでスコトーマが外れる

この振り子を止める為のキーワードは「勇気」です。

・羞恥心・劣等感があっても逃げずにチャレンジする「勇気」
・プライド・優越感を捨てる「勇気」

を持つことで、両極に振れていたエネルギーがＺＥＲＯ化され、スコトーマが外れます。
すると、感情のブレがおさまり、すべては中立（ニュートラル）だったことがわかります。

## 感情の振り子における「志」と「身口意一体」

「感情の振り子」モデルでは、感情が二極化した状態を示します。このモデルの低い領域「プライド・優越感⇅恥・劣等感」「怒り・正義感⇅罪悪感」「欲望⇅無気力」「失う恐れ⇅深い悲しみ」は、大和魂とは対極にあります。

「志」は二極化した低い意識レベルを超越し、高い意識レベル「希望」「受容」「知性」「無条件の愛」「静穏」「至福」「差取り、鎖取り、悟り」へと導く道だと言えます。

「身口意一体」は、感情の振り子モデルにおける中心点を表します。

志を立てて身口意一体となった状態は、感情の二極化を超えた統合された状態を指し、

個人が内面と外面の調和を実現するための道です。感情、思考、行動が一致した状態は、自己の真の力を発揮し、積極的に周囲に貢献することを可能にします。

## 白人至上主義と日本の精神的対抗：大東亜戦争

白人至上主義に基づく植民地支配は、「白人だけが人間であり、有色人種は劣っている」という誤った信念によって成り立っていました。この考え方は、感情の振り子で言えば「プライド・優越感」から生まれたもので、相対的に有色人種を「羞恥心・劣等感」に置くものでした。

これに対し、日本は和を尊び、身口意一体を重視する精神で「大東亜共栄圏」という高い理想を掲げて「大東亜戦争」に挑みました。この戦争における日本の大和魂は、アジア諸国に対して強い影響を与えました。日本は「勇気」から始まり、より高い意識レベルへとアジア諸国を導いたのです。その結果として、終戦後、アジアのすべての国が独立を果たすキッカケになりました。

大東亜戦争をめぐる歴史の解釈は、武士道精神と深く関連しています。戦争の動機と経緯を理解する為には、西洋列強に対抗し、アジアの独立を支援するという日本人の意識と、その根底にある大和魂を考慮する必要があります。この観点から歴史を再評価することは、現代日本人が自身のアイデンティティを理解する上で不可欠です。

しかし、戦後の極東国際軍事裁判（非合法のリンチ裁判）と、国際法違反のGHQの政策により、この精神は自虐史観によって大きく損なわれました。

## ブレイン・アップデートと日本人の再覚醒

「ブレイン・アップデート」は、日本人が失った精神を再び目覚めさせる重要な役割を担います。エピジェネティクスが示すように、遺伝子のスイッチは再びONにできます。

オームの法則を適用し、高い志を持って身口意一体の状態を取り戻すことで、日本人の真の精神を復活させることが可能です。

## 人類の未来への貢献

日本人がその本来の精神を取り戻すことは、世界的な影響を持ちます。今、人類は高度文明の危機と新たな段階への進歩の岐路に立っています。ブレイン・アップデートは、人類全体の脳、心、体をアップデートし、新たな文明の構築に貢献する可能性を秘めています。これは、人と自然、テクノロジーが調和した新たな時代への架け橋となることでしょう。

## ワーク5：「感情の振り子」の各段階を体感する

感情の各段階を頭で理解するだけでなく、はっきり体感できるワークにしました。

以下の手順に従って、体感してみてください。

①**「逃走＝被食側」**と**「捕食＝闘争側」**の二つのグループに分けます。

②**ワークに入る準備として、これまでの章で紹介した方法で任脈・督脈を整えてください。**

③「**羞恥心・劣等感**」

このエネルギー状態は、生物としてのエネルギーが最も0に近く、事故死が多々起きる意識レベルだと言えます。完璧主義で偏狭。愚かな自尊心や怒り、罪の意識をよく起こさせます。

逃走＝被食側の人が「羞恥心・劣等感」と宣言して立ちあがろうとします。すると、体が重くてしんどく感じることでしょう。

これが寝たきりの病気の人のエネルギー状態であることを体感できます。

④**「プライド＝優越感」**

「プライド・自尊心を持つことで苦痛が和らぐ。
優越感に浸る。傲慢さ、天狗。感情的な問題や性格的な欠陥認めず否認する」
捕食＝闘争側の人が、「プライド・優越感」と宣言して立ち上がります。
すると、楽々と立ち上がれることでしょう。

⑤**「羞恥心・劣等感側」と「プライド・優越感側」の人がお互いを見つめます。**

劣等感側の人は、うつむき加減で、優越感側の人が眩しくて目が見れない感じがします。

反対に優越感側の人は、劣等感側の人を見下す感じになることでしょう。

⑥**役割を交代します。**

「羞恥心・劣等感側」の人が「プライド・優越感側」に「プライド・優越感側」の人が「恥・劣等感側」を体験することで、そのギャップを体感することができます。

⑦**同様にして、「罪悪感⇅正義感（怒り）」「無気力⇅欲望」「深い悲しみ⇅失う恐れ」の各段階も体感してもらいます。**

ここまでが「二極化された感情のエネルギー」です。

**⑧バランスの回復点、振り子の中央から上昇するパワーのエネルギーを体感します。**

**「勇気」の解説を読みます。**

「探究心、逆境でも忍耐力、決断力があり、物事を達成する傾向、

人生は面白く挑戦的で刺激的。変化を好み意欲的」

そして「勇気」と宣言して立ち上がります。

「**二極化された感情のエネルギー**」から「**陰陽統合されたエネルギー**」**に切り替わる**ことで、感情の振り子を安定させることができます。これは、人生においてよりバランスの取れた視点を持つことに繋がります。

10年前に岸見一郎／古賀史健著『嫌われる勇気』が出版され、アドラー心理学における

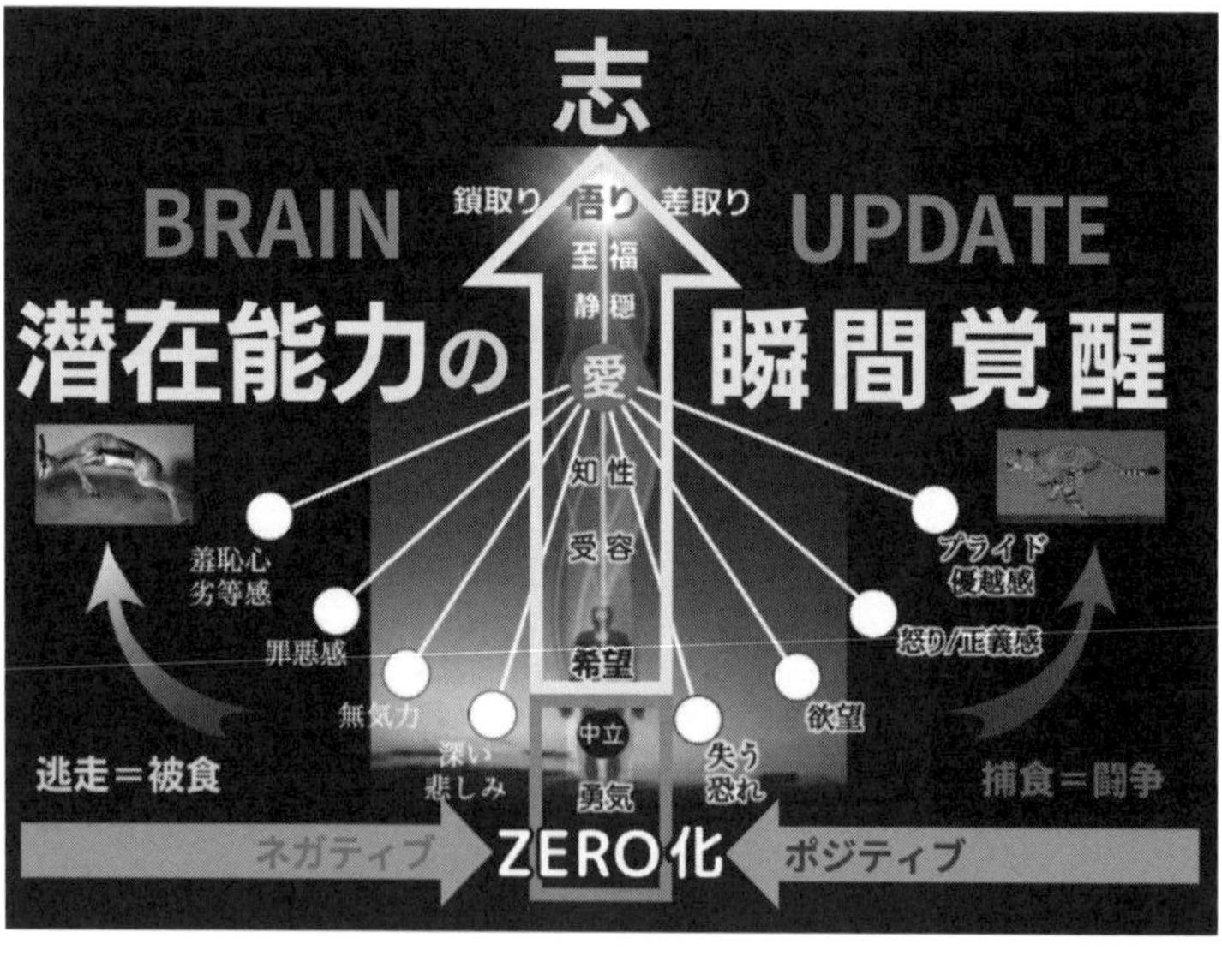

「勇気づけ」がブームとなりました。

私は、アドラー心理学が主に「言葉掛けを通した勇気づけ」だとしたら、キネシオロジーは「身体を通したエネルギーレベルの勇気づけ」と捉えています。どちらも二極化した意識を統合し、ワンネス（共同体感覚）に目覚め、高次の意識レベルに目覚める上で大切な洞察を与えてくれます。

**⑨そこから、「陰陽統合のエネルギー」の各段階を体感していきます。**

・「中立・信頼」
・「意欲・楽天的」
・「受容・許し」
・「知性・理解」
・「無条件の愛」
・「静穏」
・「至福」
・「悟り＝差取り＝鎖取り」

各段階を宣言し、立ち上がると、お互いの壁がなくなり、一体感を感じられる状態になっていきます。ハグをすると、今まで感じたことのないようなエネルギーの交流を感じられることでしょう。

《このワークのポイント》

①このワークを通じて、馴染みのある感覚がしたのは、どのレベルでしたか？
　それがあなたのデフォルトとしての意識レベルだということです。

②今まで体感したことのない意識の領域を、ただ言葉で宣言しただけで体感できたという事実をどう受け止めましたか？
　普段「無自覚に発している言葉」や「思い癖」がどれほど、自分の世界を固定化していたのかに気づくことができましたか？

③これからは、どの意識レベルを自分のデフォルトにしたいと思いますか？
　そのために、生活思考習慣、感情習慣、行動習慣、口癖をどう改めますか？

## 「ブレイン・アップデート」の技術が社会で役立つ

### 能登半島地震に遭遇し任脈・督脈で平常心を取り戻す

２０２４年の元旦、平和な新年の幕開けを祝うべき時、石川県能登地方が震度7の地震に見舞われました。この悲劇で亡くなられた方々に対して、心からの哀悼の意を表します。また、被災された皆様に、心からのお見舞いを申し上げます。

私の生徒の中にも、年越しの家族旅行で能登半島地震に見舞われた方がいます。彼女からの生の声をここに紹介します。

「私は去年ブレイン・アップデートの講座を受講しました。その後、教えてもらった任脈・督脈の活性化を毎日行うことで、私自身もすごい変わったなって思っています。

仕事は保育士をしているのですが、パニック状態を起こしてよく泣いちゃう子供が何名かいるんです。ある時、その子達と対峙しなければならない場面がありました。一人の子がパニック状態になった時に、ここで学んだ任脈・督脈を上げるメソッドを使ってみたんです。そうしたら、本当に数秒で泣き止んで、その直後にパタって寝てしまったんです。本当に凄いなって思いました。

それだけではありません。実は、あの能登半島地震の時に、家族旅行で能登半島の加賀屋さんのホテルの7階にいたんです。もう、本当に恐ろしかったです。でも、あのZERO化メソッドで学んだことが、正に救いでした。地震の恐怖の中、任脈・督脈を上げるトレーニングを思い出し、それに集中することで平常心を取り戻せました。

避難所で体が寒さに震えて固まるのを感じた時、私はずっと任脈督脈や14筋体操をしていました。とくに、パニック状態にあった娘を見て、自分がしっかりしなければと思いました。家族全員が落ち着けるように、ずっと家族全員にもイメージの中で任脈・督脈を上げていました。ブレイン・アップデートで学んだことが、生きていく上で、こんなにも助けになるとは思わなかったし、受講しておいて本当に良かったなと思います。ありがとうございました」

この体験談は、私たち自身が直面する試練の中で、どれだけ学んだ知識が実際の行動に結びつくかを示す力強い証となりました。どんな困難な状況でも、自らの内面に目を向け、平静を取り戻し、自分と家族を守る力が私たちの中には存在するのです。能登半島の地震は私たちにとって深い傷跡となりますが、それを乗り越える勇気と知恵もまた、私たちの心に深く刻まれています。

## 阪神淡路大震災の年、日本にキネシオロジーの歴史が始まる

1995年、阪神淡路大震災が日本を揺るがせた年に、日本でのキネシオロジーの歴史が動き出しま

した。大阪在住の石丸賢一さんが主催したスリーインワン・キネシオロジーの指導者養成講座は、この大災害の直後に始まったのです。

震災の日、偶然にも名古屋でセミナーを開催していた石丸さんは、自宅の崩壊から逃れましたが、彼の生活は一変しました。自宅の2階の部屋は崩れ去り、彼がそこにいたらと思うとぞっとします。心配した私が電話で安否を尋ねた際、彼は「講座テキストのデータが入ったコピー機を崩れかけた家から救い出せたので、何とか開催できます」と力強く答えました。

運命のいたずらか、彼は被災者用の仮設住宅を割り当てられましたが、彼自身は別のマンションを借り、仮設住宅を受講生のための合宿所として提供してくれました。そして、講座は被災地の近く、神戸の幼稚園で開催されたのです。

アメリカから来た巨体のロス・リデルというトレーナーを含む受講生たちは、小さな椅子に座り、小さなホワイトボードを使って授業を受けました。まるで子供に戻ったかのように、幼稚園の教室で過去へと旅をし、根本的な感情の問題に取り組んでいました。

受講生の中には多くの被災者がおり、スリーインワン・キネシオロジーは、彼らのＰＴＳＤ（心的外傷後ストレス障害）の解放に大いに役立ちました。震災の痛みを背負ったまま過去に留まる者もいれば、同じ被災者であっても未来に目を向け、活動的にこの技術を日本に根付かせた石丸さんのように、前進する者もいました。

　この経験から、私たちは過去に囚われるのではなく、未来に向かって進み、世界に貢献することで人生がどれほど変わるかを学びました。石丸さんのような人々への感謝と敬意、そして人生の選択の重要性が、この物語から強く伝わってきます。

　日本でのタッチフォーヘルス・キネシオロジーの正式な講座は、１９９８年に初めて開催されました。私自身は、タッチフォーヘルスの応用発展系であるスリーインワン・コンセプツをすでにマスターしており、数多くのセミナーを開催していました。そのため当初は、「今さら基本を学ぶ必要はないのでは」と考えていましたが、基本の重要性を再認識し、学ぶことにしました。その結果、シンプルだけれども深い洞察を与えてくれるタッチフォーヘルスの奥深さに心打たれました。

　２００１年、日本で開催された第2期インストラクター養成コースに参加し、タッチフォーヘルスのインストラクターとなり、タッチフォーヘルスの講座を数多く開催し、日本で最多の受講生を輩出することになりました。これは、私にとっても、そして日本のキネシオロジーの歴史にとっても、大きな転機となった出来事だったのです。

## 中国四川省での大地震でもキネシオロジーが活躍

２０１０年、京都でのキネシオロジー世界大会で香港のファカルティであるエイミーさんからの報告に心が動かされました。彼女は２００８年の中国四川省での大地震について語りました。この地震は壊滅的な被害をもたらし、多くの人々、とくに子供たちに深い心的外傷を残しました。

エイミーさんは、地震後の混乱の中で、言葉も出ないほどショックを受け、何日も呆然として一言も発することもなく固まったままだった子供の話をしてくれました。ＰＴＳＤの専門家として派遣されたカウンセラーチームでさえも、何も話してくれないこの子供には対処のしようがなかったのです。

しかし、そこにキネシオロジーチームが到着し、彼らが実践したのは「額に手を触れる感情ストレス解消法」でした。この単純ながらも強力な手法を用いたことで、信じられないことがおきました。それは額に手を触れてからたった5分間で、何日も固まったまま動けなかったその子供の顔に血の気が戻り、突然大きな声で泣き始めたのです。こうしてその子は、正気を取り戻すことができたのです。その光景に、周囲のカウンセラーチームの方が驚愕し、逆に言葉を失ったと言います。

このエピソードは、キネシオロジーの可能性とその深い影響力を示すものであり、自然災害などの突発的な出来事による心的外傷に対して、どれほど有効な手段であるかを物語っています。キネシオロジーが、言葉を超えた深い心の傷に対して、光をもたらす手段であることが、このエピソードから強く感じ取れます。

# 終章

# 「ブレイン・アップデート」の誕生秘話

BRAIN UPDATE

「一般社団法人　国際ブレイン・アップデート協会」は、２０１４年の4月11日に設立されました。

そして、『自分の顔を生きる』（サイゾー出版）を、同年4月15日に上梓しました。

あれから、ちょうど10年ぶりに2冊目の本書を出版することができることに感慨無量な思いがしています。

「ブレイン・アップデート」が世に生み出されることになるのには、私のパートナーである〝田中ゆあ〟との出会いが大きなターニングポイントでした。彼女が私のもとを訪れた時には、シングルマザーとして、壮絶な子育てを経験していました。

彼女の娘は、生まれつきの重度のアトピー、アレルギー、喘息、学習障害、自閉症、言語障害、ＡＤＨＤ、アスペルガーなどを持ち、大学病院で治療を受けても一向に良くなることはなく、むしろ悪化していきました。

免疫力が低下し、身体にカビが生える、インフルエンザにかかって心停止し、蘇生されたあとに脳炎になり、「このまま植物人間になるだろう」とまで診断されたこともあります。

医師からは「ＤＮＡの損傷として生まれてきているから一生治らない」「20歳までは生

きられない」と宣告されていました。

また、彼女のお父さんは、糖尿病で寝たきり状態、さらにお祖母さんの介護もあり、彼女のスケジュールは、娘とお父さんと、お祖母さんを通院させることで埋まっていました。**病院に通えば通うほど、良くなるどころか、どんどん悪くなっていく中で、処方箋薬局で薬剤師さんに「この薬とこの薬では飲み合わせが悪い。ステロイドの蓄積が致死量にもなる」と言われました。**

「えっ！　お医者さんの言う通りにクスリを飲ませていれば良くなると思っていたのに、それが致死量ってどういうこと？」

そこから彼女は、現代医療に疑問を持ち始め、代替医療、東洋医学を独学で学んでいくうちにキネシオロジーの存在を弟から聞かされたのでした。

その頃私は、1年間の人間修行を終え、鳶職をやめ、起業し代理店ビジネスを始める傍ら、キネシオロジーのセッションを再開したところでした。

彼女の弟は、加藤ミリヤなど芸能人のバックダンサーとしても踊っていましたが、コンテストでは本領が発揮できずに悩んでいました。

私のセッションを通して、劇的に改善したことを弟からの電話で聞かされた彼女は、直感的に「これだ！」と思ったと言います。

当時彼女は、新潟に住んでいましたが、実家のお父さんに当時小学2年生だった娘を預けて、弟と共に東京までキネシオロジーを学びに定期的に訪れるようになりました。

彼女の意識やエネルギーが変わっていく毎に娘の容態がどんどん改善していき、2年の月日が経った頃には、娘の症状がすべて消えてしまったのです（私自身は、直接関わっていないのにも関わらずにです）。

**驚いた彼女から「父に会ってセッションをしてほしい」**と頼まれました。

そこで、新潟まで行ってお父さんの個人セッションをすることになり、キネシオロジーで一番根底にある感情ストレスの原因を特定すると、「病気を抱えていれば熟年離婚していた奥さんが、いつか戻ってきてくれるのでは」という執着にあったことが判明しました。

そこで、その感情ストレスを解消し、執着を手放したところ、寝たきり状態だったお父さんが普通に起きて生活できるようになったのでした。

彼女は、「こんな凄いことができるのに、なんで埋もれているの！　私があなたをプロデュースして世界に広めるわ！」と言い、私たちはパートナーとなり、私をブランディングするための教育係りとなったのでした。

そして、ちょうど13年前に子供がお腹に宿ったことを知らされました。

彼女は、上の娘を出産して2年半後から「血小板減少性紫斑病」という難病に罹っていて、医師からは、「出産には耐えられない。だから堕ろしなさい」と宣告されました。

しかし、彼女はもう医師をはじめとした外側の権威者に自分の人生の主導権を明け渡すことはしませんでした。

「私、死ぬ気がしないから大丈夫です！」

「でも、この血小板の数値では受け付けられません！」

「わかりました。出産できる数値になればいいんですね！」

ということで、キネシオロジーのセッションを通して数値を上げられるかトライすることにしました。

「身内同士のセッションよりも、信頼できる第三者のキネシオロジストにセッションしてもらったほうが良いだろう」ということで、石丸先生にお願いしてセッションをしてもらいました。すると、出産できる最低限の数値まで上げることができました。

石丸先生には、心から感謝しています。ありがとうございました。

再度、病院に行ったところ、「うちの施設では緊急時の対応ができないので、大きな病院に転院してください」と言われ、有名な愛育病院に転院することになりました。

しかし、そこの産婦人科のドクターと病院の院長にも、「出産したら絶対死ぬ！　仮に出産できても2、3年は寝たきりだ」と断言されました。

彼女は、起きてほしくないことではなく、起きてほしいことにフォーカスし続けました。

出産当日、私は名古屋でセミナー中でした。彼女は、産気づいたので、タクシーを呼び一人で病院に向かいました。タクシーの運転手さんに、「病院に着くまで、まだ産まないでくださいよ！」と頼まれながら病院に到着し、私も名古屋のセミナーから駆けつけることができました。そして、無事に自然分娩で出産することができたのです。

彼女は、その後、15時間は寝たままで起き上がることはできませんでした。しかし、彼女は医師のネガティブな予言を跳ね除け、気力で回復してくれました。

私は、父が34歳、母が35歳の時に生まれた子供です。そして、52歳で自分の子供を持つことができました。

母の実家は浜松で事業を行っていました。父はその事業を拡大するために養子縁組で結婚し、番頭さんと三人で東京で事業を立ち上げることになりました。5つ上の姉、4つ上の兄が生まれ、末っ子として私が生まれました。ところが、母は私を産んでから3年後に三人の子供を残したまま過労で亡くなってしまったのです。

父は、せっかく東京で事業を起こし、これからという時に母に先立たれ、三人の子供を抱えて実家の浜松に戻らざるを得なくなりました。しかし七人兄弟の真ん中の父は養子に出ていたので、受け取れる財産などは何もありませんでした。

そんな中、2番目の母と結婚し、苦労しながらも私たちを育ててくれました。

「これからという時にすべてを失ってしまった父は、どれほど途方に暮れたことだろう」

もしかしたら、彼女があのまま力尽きていたら私も娘二人を抱えたまま同じ境遇になっていたのかもしれません。生まれてきたばかりの娘を初めてこの手に抱いた時、そんな父や母、そしてパートナーに感謝の思いが湧いてきました。

私は「ああ、私はまだ父を超えていないんだな」と思いました。

「よし、この子が大きくなった時、『何でもやりたいことはやっていいよ！』と言えるだけの経済力もちゃんとつけよう！」と心に誓いました。

これが「ブレイン・アップデート」が生まれるキッカケとなったと言えます。

それから、パートナーのゆあと共に、子供を抱っこしたまま、日本各地でセミナーを開催するようになりました。

九州は福岡、熊本、宮崎、大分にも行きました。バリ島にも行きました。

医師からは、「母乳は血からできているので、血小板が少ないから与えてはいけない」と言われましたが、3歳半まで母乳でスクスク育てることができました。

私自身も子供ができたことで、「残された子孫のために今、自分にできること、今、やらなければならないことは何か」ということを真剣に考えるようになりました。

**〝滅びの道か、再生の道か、地球の未来はあなたにかかっている！〟七世代先の子孫のために「宇宙維新シンポジウム」**というタイトルで、池田整治先生、岡本よりたか先生、出口光先生、内海聡先生、井上祐宏先生とシンポジウムを開催できました。

世界中のキネシオロジストが集い、研究発表をするキネシオロジー世界大会では、2011年京都大会、2012年スペイン大会、2019年バリ大会、2022年ハンガリー大会にて、「ブレイン・アップデート」のことを発表することができました。

2020年には、治療院マーケティング研究所とのタイアップで「真の根治治療法ブレイン・アップデート」DVDをリリースし、「ブレイン・アップデート・コンプリートプロジェクト（6ヶ月コース）」がスタートし、ブレイン・アップデートの集大成をカリキュラム化し、広くみなさまにお伝えすることができるようになりました。

一方、田中ゆあは、「ブレイン・アップデート」のプロデュースが一段落ついたことで、さまざまな人とのご縁を繋ぎながら活動の幅を広げていきました。

統合医療のプロデュース業、元文科省の下村大臣がリーダーとなって取り組んでいる教育再生プロジェクト、日本の中小企業を立て直すための財団、都市開発事業、福祉ボランティア・プロジェクトなどなど、まだ公にできないものも含めてさまざまな国家レベルのプロジェクトを同時並行で動かしています。

最初はバラバラだった点と点が田中ゆあと出会って17年、協会設立10年という長い年月の中で次々と繋がってきました。

彼女は、「簡単なほう」と「難しいほう」があったら、必ず難しいほうを選択してきま

した。中には詐欺に引っかかり、たくさんのお金を失うようなこともありました。しかし、その経験をしなければ決して行わない行動をすることで、新たな出会いが起こります。それによって、新たなチャンスに恵まれるのです。

世界大会の動画

正に、現状の外側、「ストレッチゾーン」を遥かに超えた「パニック・ゾーン」にゴールを設定しながらも何があってもブレずに突き進むことで、臨場感が移動し、見える景色がドンドン変わってきたのです。

私は彼女と二人三脚で、時にはケンカをしながら、引きずられたり、引きずったりしながらも、だんだん呼吸が合うようになってきました。

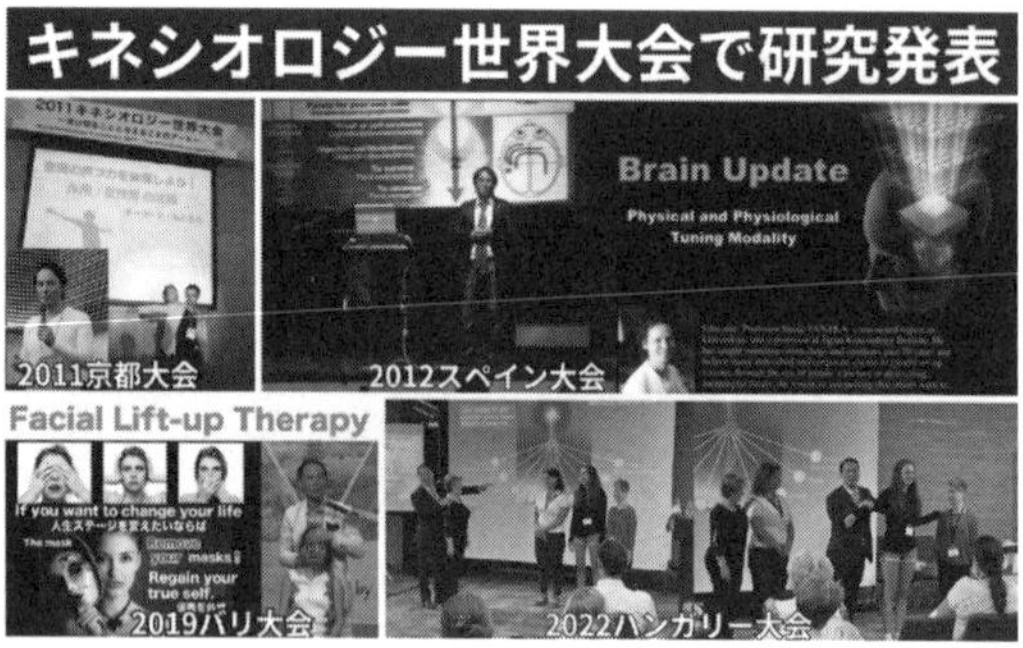


「ブレイン・アップデート」は、彼女との出会いによって、さまざまな試練を乗り越える過程の中で自然と生み出されてきたものであり、すべてが実証済みのメソッドです。

本書の中に記した内容は、その中のほんの一部でありながらも、一番重要なポイントを集約させて紹介させていただいております。

「人生は三部構成のドラマ」だとお伝えしました。

第二幕の最後は、**「死と再生の旅：人生絶体絶命のピンチ」**で一旦は死にかけます。

これは、実際の肉体レベルの死だけでなく、これまでの「古い価値観（アイデンティティ）の崩壊」も含まれます。

人は、この段階を通過することに、かなりの抵抗を示すものです。

しかし、「ZERO化メソッド」を使えば、この抵抗を最小限に抑えることができます。

ここから二元性を**二元性を越えた視点**に目覚めることを通して、**新しい自分として復活**し、「**第三幕クライマックス（天命に目覚める）**」が始まります。

あなたの人生にも、私の人生と同様に、必ず第三幕が用意されているのです。

あなたが今、第一幕にいるならば、第二幕に進むキッカケとしての「天啓」が、あなたが第二幕　で二元性のドラマの中でアップダウンを繰り返しているならば、「**賢者との出逢い**」や「**仲間の力**」を提供されるのです。

あなたと共に、日本人、そして世界の人々が第三幕に進む一助となれば幸いです。

# あとがき

今回、本書の校正にあたって、私のタッチフォーヘルスの卒業生であり、今ではタイムウエイバーという最新の情報医療のオペレーターとして、著名人のコンサルを行っている刑部裕子さんにお手伝いいただきました。

そして、あとがきの段階になった時に、タイムウエイバーが「ハートに関する何かがあるはずだから、それをあとがきに入れると良い」と言ってきたのです。

最初はわからなかったのですが、「もしかして」と思って、書類棚の奥にしまってあった「ロゴデザインに込められた意図」がこれ（次図）です。

世界でもっとも愛されているシンボルマークは、Ｈｅａｒｔ（ハート）であります。

Ｈｅａｒｔは、第一に「愛の心」を表し、人間愛・自然・神への愛を象徴し、また愛情・献身・親切なども包摂しています。

古来より東洋では「心こそ大切なれ」「心の財《たから》第一なり」と言われ心の文化を大切にしています。

**Life Change Academy** のシンボルは、この Heart に込められた愛・**Love の「L」**と、生命・生活・人生の **Life の「L」**。そして、光り輝く **Light の「L」**のハートに造形化したものです。また、全体を包む円形は、広大無辺なる宇宙を表す **Cosmic の「C」**であると同時に、**Life Change の「C」**でもあります。

そして、運命の好機を表す **Change の「C」**であると同時に、すべてに挑戦している **Challenge の「C」**であります。

ライフチェンジ・アカデミーの社会的使命は、脳と心と体を統合した最新のメソッド・キネシオロジーを通して、人々に内在する尊極なる美質を **Cultivate** していく **Vision** を明示したものです。

**Heart** の３本ラインは、真・善・美と身・口・意の三位一体の調和ある美しい心を表出したものであり、中心の円は、文豪バルザックの言った**「私の中に光輝く生命がある」**との真意の如く、潜在意識に秘められた無限の可能性をナビゲートしていく上昇の生命エナジー **LIFE CHANGE ACADEMY** の進展を表徴したものです。

**未来創造デザイナー　一色宏**

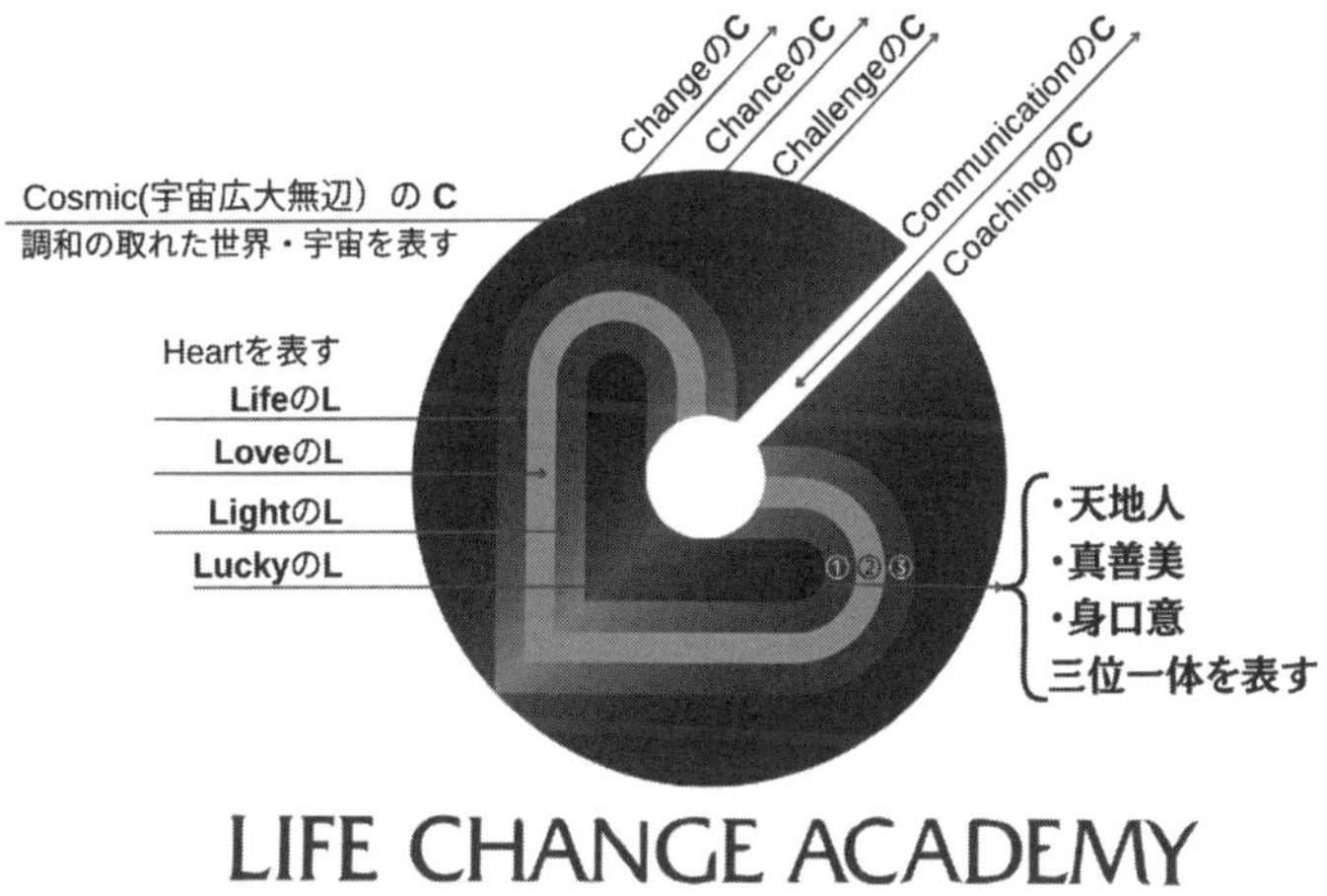

私は、キネシオロジーを再開してから株式会社ライフチェンジ・アカデミーという法人を起ちあげました。「ライフチェンジ・アカデミー（人生を変える大学）」と名付けたものの、まだ一匹狼で、資金もないまま、「本当にそのような規模まで発展させられるのか」の目処は全く立っていない状態でした。

そんな時、ご縁があって、世界的なロゴデザイナーの一色宏先生と出会いました。そしてキネシオロジーの話をしたところ、ロゴマークを作ることの大切さをお伝えいただき、作っていただくことになったのです。

出来上がったデザインを見た時に、その美しさと、そこに込められた意味を知って、畏れ多い気持ちになりました。

「一般社団法人国際ブレイン・アップデート協会」を設立してからは、会社の名刺よりも協会の名刺を使うことが多くなったために、この「ロゴマークに込められた意図」のことは少し忘れていました。しかし、今改めて読んでみて、とってもしっくりきているのです。

正に、本書を通してお伝えしてきた「**高い志を持って現状の外側にゴールを設定せよ！ そして任脈・督脈を上げて行動することで臨場感を移動させよ！ そうすればスコトーマが外れ、すべてが見えてくる**」という言葉の通りになっていたのです。

私は子供の頃から「人生を変えたい！」と思って頑張ってきました。

しかし、その思いの裏には「今はダメだから……」という隠された気持ちが前提になっています。よく成功哲学では「思考は現実化する」と言われていますが、正確には「思考を支えている思考＝前提思考が現実化する」と言うことになります。

「愛」という言葉に嫌悪感を感じ、サバイバル・モードで生きてきた私が、今では「愛と感謝以外は幻想です」と心から言えるようになってきました。内側のエネルギーが変わると、スコトーマが外れ、外側に見える現実がドンドン変わっていきます。

エピローグで紹介した「難病を抱えた娘の症状が母親のエネルギーが変わったら、どんどん改善された」というエピソードなど、すべては目に見えないエネルギーで繋がっていますので、このような一般的には「奇跡」とも呼べるようなエピソードが私の講座の中では、当たり前のように起きています。

これは、「**クラドニ図形**」で説明できます。

クラドニ図形は、音の振動を視覚化するための実験で、18世紀末にドイツの物理学者エルンスト・フローレンツ・フリードリヒ・クラドニによって発見されました。

この実験は、振動する板や金属板に砂や細かい粉を撒いて音を鳴らすと、振動によって粉が特定のパターンを描くことを示しています。ある周波数で描かれた美しい幾何学模様が、次の周波数でできる幾何学模様に変わるまでの過渡期には、模様が崩れたカオス状態が必ず訪れます。

個々の砂つぶを「個人」、全体でできる模様を「家族・地域・社会・世界」に例えるならば、「個人の発する周波数」に共鳴した者同士が織りなす人間模様があります。ですから、母親の周波数が変わることで、パートナーや子供との関係性が変わります。

大切なことは、外側の世界を変えようとするのではなく、内側の世界（周波数）を変えることで、臨場感を移動させることです。そうすれば、すでに望んでいる世界が「パラレル・ワールド」として存在しているのです。

一番下の345Hzでできる模様は、「外側の人や環境に問題がある」と思って、お互いに自分のことがスコトーマされ、外側の問題ばかりが見えている状態です。この周波数の世界に臨場感があると、過去の問題に囚われ、誰かさんの書いたシナリオの中で脇役・被害を演じているような感覚になります。

「人生は苦しいのが当たり前」であり、「頑張ってそれに耐えることが人生というものさ」

という世界観を生きることになります。

2番目の1033Hzの幾何学模様の世界の人は、それを見て、「そんなことはないよ！人生は思い描いた通りになるんだから、起きてほしくないことではなく、起きてほしいことを常に考え続けたらいいんだよ！」と教えてあげると、混乱し、抵抗します。

ここが「元の世界」に戻るのか、「新しい世界」に進むのかの分岐点です。

どんなに怖くても、「私は何があっても、もう一つ上の世界に行くんだ！」と決めて任脈・督脈を上げていると、「不安・恐れ・パニック」する感覚が一度は浮上しますが、臨場感が移動することで、次第に薄れていきます。するとスコトーマが外れて、新たな世界が目の前に開かれます。

この感覚を体感していただくための誘導瞑想をプレゼントしましょう。

《畏怖の念》

自分がもっと在り、もっと行い、もっと持つことを自分に許すことにより
更に多くのものが目の前に開けてきます。
そして、嬉しい驚きと共に、新しい選択肢や可能性、
新しい研究、新しい考え、新しい洞察、
それが自分自身からのものであれ、他人からのものであれ
こういったものすべてを歓迎するのです。
自分の本質の素晴らしさに気づき
自分の幸せに注意を払うようになります。
新しい自己に対する敬意は、人にも及びます。
同情から、頼まれてもいないのに人を救おうとして
その人の力を奪うようなことはなくなります。
どんな試練があったとしても、必ず同じエネルギーの総量として
サポートがきていることを知っています。
だからこそ、どんな想定外なことが起きたとしても

自分自身を勇気づけて、必要ならば、
周りの協力・サポートを
自分から求めることによって、
その試練を乗り越えていくことが
できるようになります。
自分自身を勇気づけて、人をも勇気づける
共感的な接し方ができるようになっていきます。
そして、当然のこととして、
このプロセスに魅了されるのです。
さらに多くのものが綺麗にされ、
さらに多くのものが目の前に開かれてきます。
今や信頼し、誇りに思え、ますます生産的になることが
できるのです。
態度は柔らかくなり、一つであることが目的だと気づき
意識は内なる魂をすべての命あるものとの同族性で

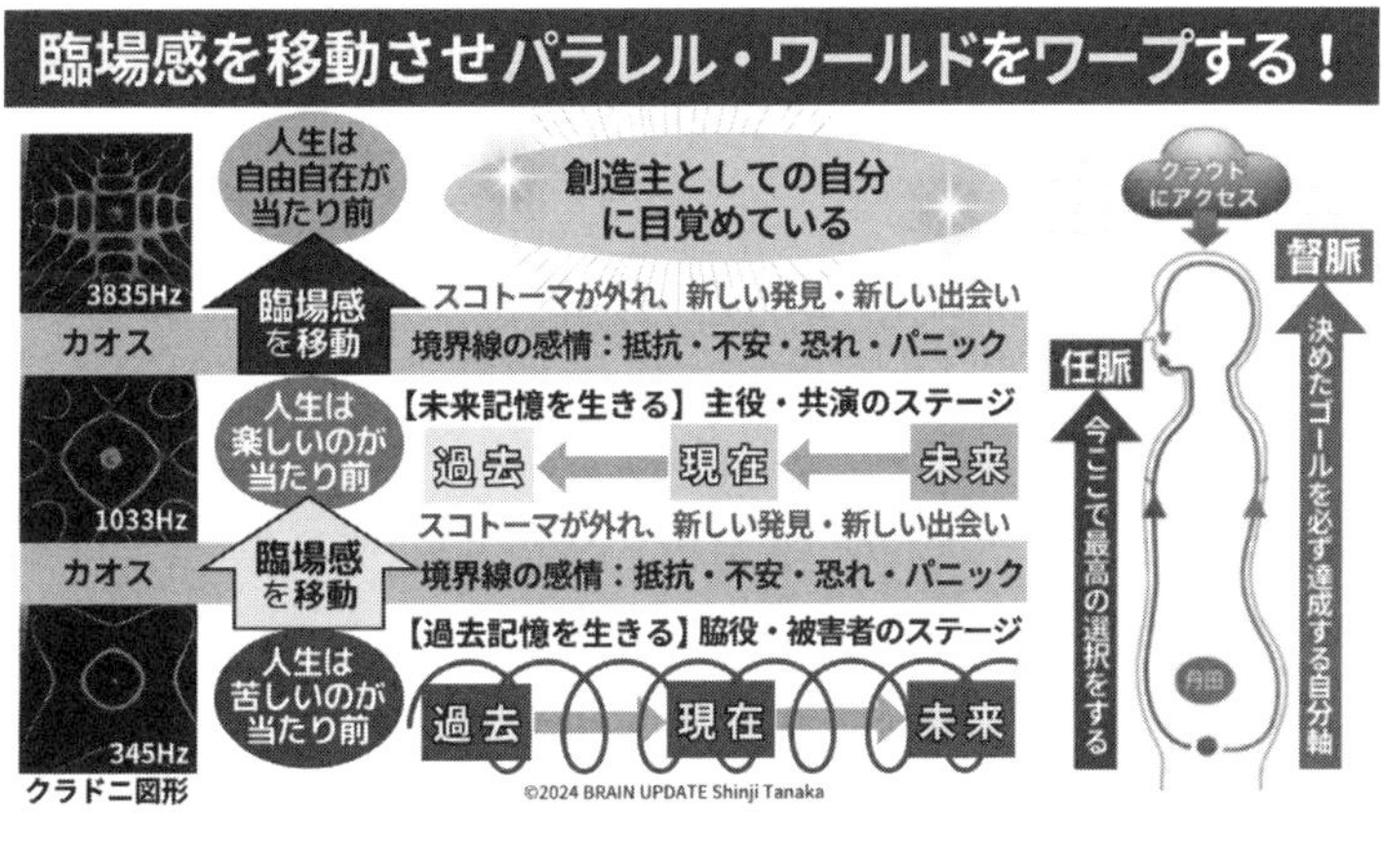

**結びつけるのです。**
**失う恐怖や、抑圧された怒り、受け入れ難い分離感からくる悲痛な思いを溶かし、**
**「最初から守られていたんだ」ということを確信し、**
**だから自分を守る為に、自己正当化したり、理論武装したり、鎧をつけたり、先延ばしにする必要は無い**
**もう既に準備は整っている。**
**そして、いつでも高次の自己と一つであることを知ることによる穏やかさを回復させてくれます。**

ＱＲコードを通して、この誘導瞑想の動画を見れます。

一匹狼だった私自身の臨場感が移動することで、今では「ブレイン・アップデートを世界に広げていきたい」と本気で思って協力していただける同志にたくさん囲まれた世界にいます。

私一人では手に負えないと思っていたことも、「ブレイン・アップデート」を学び、認定資格を持って使いこなせるようなファシリテーターを養成していくカリキュラムと仕組みを構築することができました。

これから企業、教育、医療、介護、リハビリ、恋愛、婚活、妊活、子育て、ツーリズム、などなど、あらゆる分野で活躍するファシリテーターを育成していきたいと思っています。また、「ブレイン・アップデート」の受講生・卒業生で構成される「**BUボランティア・プロジェクト**」を通して、教育再生や高齢者問題に関心があり、組織を持っている団体と協力したプロジェクトも行って参ります。

序章に書いたように、確かに今の日本の現状は大変な状況です。

しかし、このカオスとも言える状況は、新たな世界に移行するための過渡期だとも言えます。一人でも多くの方に「ブレイン・アップデート」をお伝えし、日本、そして世界を新たなステージに移行させていきたいと思っています。

一般社団法人　国際ブレイン・アップデート協会　会長　田仲真治

（一社）国際ブレイン・アップデート協会　公式サイト

脳と心と体の専門家：
田仲真治のブレイン・アップデートTV

志が地球を救う～誰もが幸せになるために～
KOKOROZASHI
ART PROJECT

## ブレイン・アップデート
## 《メンタル再生の最強ワーク》
## 読者プレゼント!!

本書をご購入頂いたあなたに、
特別なプレゼントを用意しました！

●本書に掲載できなかった
精密筋肉反射テストの取り方
スペシャル動画

●本書に掲載された動画一覧と
イラストの豪華カラー・バージョン

＊こちらのQRコードから
LINE登録してプレゼント
をお受け取り下さい！

特典プレゼント

著者プロフィール

**田仲真治**（たなかしんじ）

(一社) 国際ブレイン・アップデート協会 会長。

1960年生まれ。静岡県浜松市出身。陸上自衛隊に4年間、企業研修インストラクターとして8年間勤務。

「どうしたら真の人間変革を起こせるのか」ということを探求していく過程でキネシオロジーに出会う。以来33年間にわたって最新の脳科学、心理学、人相科学、東洋医学など古今東西の人間に関する研究を統合したエネルギー・キネシオロジーの日本の草分けの一人として活動。

それらの功績を認められ2010年「東久邇宮文化褒賞」を受賞。

キネシオロジーとそれまでの人生経験で学んだことを集大成し、独自のブレイン・アップデート・メソッドを開発。

その奇跡のような効果がYouTubeに500本以上の動画として公開されている。

**ブレイン・アップデート** ―精神再生《メンタルさいせい》の最強《さいきょう》ワーク―

2024年6月6日　初版第1刷発行

著　者　田仲真治

発行者　友村太郎

発行所　知道出版

〒101-0051 東京都千代田区神田神保町1-11-2
天下一第二ビル3F
TEL 03-5282-3185　FAX 03-5282-3186
http://www.chido.co.jp

印　刷　モリモト印刷



ISBN978-4-88664-368-1